U0640883

阳光教室系列
YANGGUANG JIAOSHI XILIE

周朱瑞华 ○著

有效
课堂管理
70式

YOUXIAO KETANG
GUANLI 70 SHI

四川教育出版社

图书在版编目（CIP）数据

有效课堂管理 70 式/周朱瑞华著. —成都：四川教育出版社，2013.7
（阳光教室系列）（2021 重印）
ISBN 978－7－5408－6332－6

Ⅰ．①有… Ⅱ．①周… Ⅲ．①课堂教学—教
学管理—中小学 Ⅳ．①G632.421

中国版本图书馆 CIP 数据核字（2013）第 136408 号

责任编辑 郑 鸿
装帧设计 毕 生
责任印制 陈 庆 杨 军
出版发行 四川教育出版社
　　　　　地　　　址　成都市黄荆路 13 号
　　　　　邮政编码　610225
　　　　　网　　　址　www.chuanjiaoshe.com
印　　刷 三河市明华印务有限公司
制　　作 成都完美科技有限责任公司
版　　次 2014 年 4 月第 1 版
印　　次 2021 年 6 月第 3 次印刷
成品规格　155mm×218mm
印　　张 10.5
书　　号 ISBN 978－7－5408－6332－6
定　　价 32.00 元

如发现印装质量问题，请与本社联系。电话：（028）86259359
营销电话：（028）86259605　邮购电话：（028）86259605
编辑部电话：（028）86259381

总 序

近年来，香港的学校，在不少教室中，长年累月是阴霾密布，充满着幽暗与郁闷，了无生气。

许多孩子厌恶上学，视为畏途。于是旷课、逃学或干脆辍学。至于肯回校上课的，不少是度日如年，无心向学而行为顽劣，结果是学习成效低下。老师不少亦厌恶和害怕上课的，他们自嘲为"四等"或"五等"教师，而教学成效恶劣，是极其自然的结果。为什么会有这些现象？背后是些什么原因？问题可以解决吗？还是学校生活根本就是如此灰暗可怕？我的回答是："不，这绝对不是必然的。"相反地，我们在不少学校中，每天可以看到教师和学生都含着盈盈笑意在教导和学习。在融洽亲切的智慧和心意交流中，课堂中充溢着阳光，亦即宝贵的生命之光。

同样是学校教育，为什么会出现如此截然不同的景象呢？"阳光教室系列"的创议和出版，正是回应上述种种问题。近年来学生问题出现恶化的现象，由于问题的根源复杂，不可单靠学校教育来解决。但我们深信，学校和教师，在青少年儿童的成长历程中，始终扮演着重要的角色。"阳光教室系列"的作者们尝试以教育和辅导的理论为基础，从学生、教师、家长等不同角度来探索种种课题和困难。他们带出一个重要的信念：教育工作的确是日益艰困；不过，倘若我们在留意课程、教学法、学校设备和校政之外，还为被忽略的"人"这一元素重新定位的话，教育仍然是有成效的。

"阳光教室系列"是一个上佳的名称。植物需要阳光才能长大。孩子在学校中，同样需要一个人性化而温暖的环境，才能有效和快乐地学习和成长。但遗憾的是，学校越来越像工厂的生产，而教育工作

1

者有时居然会忘记了自己和学生都是有血有肉的人。

十年前，我的一位学生决定离开已任教七年的学校。她感慨地对我说："除了人与人的疏离和争斗之外，最近学校宣布，从下半年起，学生成绩册上的操行等第和评语，将一概由电脑处理。教师不必、亦无权过问。"她在许多教师雀跃于工作减轻的同时，只感觉到学校非人性化的环境越来越冰冷。十年后的今天，学校的科技设施有了更大的改进，可是教育工作者是否真的能善用科技？抑或会因此导致更多教育的危机？

事实已一再显示，当教育工作者视学校如工厂，忘记了教育是尊贵的人的事业时，很容易会偏离了正轨。"阳光教室系列"基本上没有什么"新意"，只是在作者们平实的表达和有理有情的笔触中，大家会发现三种教育最基本的理念：首先是"诚"，包括了教师对自己和对学生的一份诚意。其次是"信"，是对每一个学生独特性的尊重和接纳。第三是"心"，是指教师对教育工作的热爱和投入。总括以上三点，其实就是一种崇高而庄严的教育爱。

喜见"阳光教室系列"的出版，亦高兴于列位富有经验和学养的教育工作者参与这一项很有意义的工作。闭目遐想，我看见在阳光洒满一地的教室中，教师带着微笑兴致勃勃地带领着学生在研习。在学生充满好奇、盼望和兴趣的眼神中和偶尔迸发出的呐喊和笑声中，我欣然看到了跳跃的生命，也看到了生命与生命的交流。我深信此过程促进了生命的茁壮成长——包括了莘莘学子和春风化雨的良师，大家一同经历成长的满足和喜乐。

林孟平
（香港中文大学教育学院心理辅导学教授）

自序一

　　如果你希望在我这本书里，找到一连串对付学生的绝招，使课堂变得鸦雀无声，你定会失望。在我而言，课堂管理并不是要向学生施以压力，使他们绝对规范，因为学生不是机器，而是有血、有肉、有思想、有感情的人。有效的课堂管理应建立在良好的师生关系及老师的认真教学的基础上。而良好的师生关系，应包括与学生制订合理的规则、给予适宜的鼓励和赞赏、适当的纪律与惩罚和有效的沟通技巧。在这一切的背后是老师对教育的一份乐观信念。在课堂里，有以上种种的条件，才能有良好的学习环境，让学生积极投入学习，教与学才能在合作及有秩序的情况下进行。

　　在这本书里，我尝试将自己二十多年来的教学体会，以七十篇小品文形式写出来，希望能与教育工作者彼此共勉。写作期间，铭贤书院老师给予我很大的支持，特别感谢黄丽卿老师、梁慰君老师、梁树枫老师和朱秀容老师，他们给我提供了不少实际的教学例子。

　　我更要感谢我家人对我的支持。我要感激先父朱景山先生和母亲梁伟娴女士，他们不单给予我严谨的教导，更给予我无限的爱顾。他们从不期望女儿显赫富贵，却常以女儿能"为人师表，教育下一代"为荣，他们使我对教育工作更加肯定。当母亲知道我写这本书时，她认真地架上老花眼镜，细阅我的稿件，令我深受感动。

　　我也要感谢我的丈夫周洪威校长。我们一起从事教育工作，彼此常常切磋鼓励，我写书期间，他给我提供了很多宝贵意见。最后，我要感谢我的女儿咏文和儿子俊文，因为他们每天放学回家，总会迫不及待、叽叽喳喳地告诉我学校所发生的一切，当中给予我很多写作的素材。他们更是我这本书的首批读者呢！

　　谨以这本书献给爱我和我所珍爱的父母、丈夫和儿女！

周朱瑞华

3

自 序二

《有效课堂管理70式》自出版以来，深受读者爱戴。教育学院将这本书列为学生参考的推荐书籍；一些老师、家长及社会工作者，给予本书肯定的评价；甚至一些任职银行界、商界的读者，对这本书也很有共鸣，认为书中的原则，能适合应用在他们的工作世界。

其实，"人生就是关系"，人与人的关系在于"真诚"、"尊重"及"感同身受"。建立在这样的关系上，很多的矛盾都能迎刃而解。无论在"课堂管理"、"亲子关系"、"工作世界"，也能无往而不利。

这几年来，我和家人移居新西兰。我在奥克兰大学攻读教育博士（辅导），一偿多年来的心愿。虽然离开了香港的教育界，我仍然在新西兰致力于华人学生的工作。近年，华人学生纷纷远赴重洋，到英国、美国、加拿大、澳洲、新西兰等地进修，他们在起居生活、交友、学业、自我形象、文化适应等各方面都遇到很多冲击。本人现任职梅西大学学生辅导员，在华人留学生努力拼搏的过程中，能陪伴他们成长，实在觉得很有意义。

在外国大学里工作，我很欣赏他们对学生的尊重，及对学生个别需要的关注。他们很强调人人平等，对不同的种族、文化、信仰，都予以尊重。其中一个制度反映出他们对学生个别情况的关注：在考试期间，学生若遇到特别事故，可以申请"免除考试"（Aegrotat）或"考试表现受损"（Impaired Performance）。受困扰的学生可约见大学医生或辅导员，细说因由，并提供证明文件。医生或辅导员认为情况属实，可帮助学生向校方申请，然后由讲师按学生平时的成绩表现，调整其考试分数。当然医生及辅导员要有智慧、要严谨，不容许此制度被滥用。

在辅导室内，我常见到一些同学遭遇重大打击（例如自己惨遭横祸、双亲相继入院、家人惹上官司），他们甚至哭得痛不欲生、情绪激动，见到他们的困境，我都很愿意为他们申请，也深深庆幸大学有这样"人性化"的制度。同样，我希望老师在"课堂管理"的环节上，也能较宽松、弹性处理,考虑到学生个别的难处,而不是机械式地施行奖与罚。因为老师不是"工厂的生产机器",而是"人类灵魂的工程师"。

深愿这本书的再版能再次唤起大家对学生的爱与关注。无论身处海外,或留守香港,让我们继续为莘莘华人学子努力,献上我们至诚的爱!

周朱瑞华

目录

III 沟通技巧

IV 规则

V 鼓励与赞赏

I 认真教学

真材实料

做个不断成长的老师。

"课堂管理"是我们每一位老师都非常关心的课题，我们总希望学生合作地、有秩序地上课，使"教"与"学"都能达到最佳的效果。

然而，有效的"课堂管理"必须建立在良好的教学基础之上。若老师教学精彩，学生破坏秩序的情况也会相应地减少。有些老师学识渊博，表达精彩，学生听得津津有味，如沐春风，只嫌下课钟声来得太快，哪还有时间做无聊的事？相反，有些老师"有料"又不备课，恐怕学生看不起自己，便采用恶言厉色、先发制人的高压政策；亦有些"有料"的教师，怕自己不受欢迎，不惜降低标准，讨学生欢心，这些都是课堂管理的反面例子。唯有真材实料的教师，才能宽严适中，赢得学生的敬重。

要做位真材实料的老师，我们必须不断提高自己的学术水平，教学内容要丰富，语文表达能力要畅顺，教学方法要改良，更要了解现代潮流文化及青少年心理，对社会保持敏锐的触觉。所谓"名师出高徒"，只有不断提升自己，我们才能培养出超卓的下一代。

若是我们学艺不精，只将学问打折扣地传授给未来的社会栋梁，其结果必是"一代不如一代"，社会也就不会进步。

　　这并不表示：我们要满腹经纶、完美无瑕才能当教师，而是我们要有一个"不断求进"的观念。我们进入教育界时，就要先定位，立定方向："不断成长"。老师若能与时俱进，愈资深的教师，愈能炉火纯青，造福后人；否则，停滞不前，就会有如一池死水、一块化石。希望教育同人们共勉，千万别沦为"知识退化、头脑硬化、生活腐化、工作怠化"的"四化教师"啊！

个人反省

＊过去一年中，你曾参加过什么进修课程，使自己在学科知识上及教学方法上不断进步？

＊过去一个月内，你曾否从书籍、报纸或杂志中，对青少年心理及现代潮流文化加深了解？

具体实践

＊积极搜集行政部门及大学所举办的各种研修课的课程资料，看看哪些课程适合自己报读。

＊与校长、同事商量，在校内开展教师培训工作，使教师可在事业上有成长的机会。

你的补充

准 备周详

老师，假如你不会把 BALLOON 写成 BALOON，
把"忽然"写作"忽然"，我会更敬爱你。

　　课堂秩序的好坏，往往取决于教师的教学准备功夫。教师常常要求学生课前预习，那么我们自己又有没有好好地备课呢？抑或我们是手持一本笔记，千篇一律地在黑板上抄上十年八载？若是这样，学生不造反才怪呢！

　　不备课的教师，教学进度停滞、课堂气氛沉闷、教学内容支离破碎、组织松散，课堂秩序迟早会出问题。例如：上课中途，猛然想起忘记带挂图，唯有由五楼教室跑回二楼教员室去取教具，留下整班学生在教室内喧闹。又例如：教师在教学中途，突然想起要向学生收家长回条，结果回条收过以后，学生已将刚刚学的新知识抛到九霄云外去了。又例如：教师心血来潮，上课期间突然问学生上星期测验改正是否已做好？结果课堂又是一片混乱。此外，如果教学进度过慢，则学生若不是打瞌睡，便要用传纸条、交头接耳等方式来提起精神了。另一方面，教学进度过急，学生跟不上，亦唯有魂游太虚。

因此，老师必须在教学上准备周详：必须有明确的教学目标，亦要认清楚教学对象，按照学生的年龄、班级、程度，采用学生易感兴趣的方法，引用生活实例，将抽象难明的概念及词句，以深入浅出的方式表达，将教学内容组织整理，引起学生学习兴趣，启发思考，运用教具，策划学习活动……以上都需要在准备功夫上花心思。

此外，老师批改作业的准备功夫也不可忽略，我认识一位老师，她每天给学生布置功课，翌日必定完成批改，返给学生，从不积压，而且用心批改，更要加上评语，令学生及同事口服心服，肃然起敬。

其实，一位准备周详的老师，必然是一位认真尽责的老师！

个人反省

* 检讨你昨天所教的每一课，你认为你的教学准备周详吗？你觉得有哪些地方满意？有哪些地方可以改善？

具体实践

* 多与那些教授同一班级、同一科目的同事互相切磋，交流教学心得，便能达到事半功倍之效！

你的补充

谈天说地

教育必须以学生利益为出发点。

有些老师由于备课不足，为求打发时间，上课时总爱不着边际地谈天说地，大"放风筝"。美其名曰与学生打成一片，实质是敷衍塞责。例如：教授中国历史时说的不是中国历史，而是自己的个人历史；将课本搁置不顾，大谈自己家事，或大谈同事的日常生活；旅行归来，更唾沫横飞地畅谈一番，大大浪费了学生的宝贵时间。

其实，学生能分辨出什么是适切的教导，什么是说长道短的言论。特别是高年级的同学，要应付公开考试，课程紧迫，面对这些风花雪月、闲聊吃喝玩乐的老师，心急如热锅上的蚂蚁，十分反感，哪还有合作守规的表现？

这是否表示：我们教学绝不能越出课文半步？并非如此。相反，老师教授的内容上至天文地理，下至新闻时事，都可涉及。原则是：所谈内容必须以帮助学生成长为目标。学生要"求知识"，也要"学做人"，特别在现今世代，社会道德标准下降，父母忙于提高物质生活水平而忽略子女的家庭教育，以致教师们承担了灌输正确价值观、人生观给学生的重任，日常的新闻时事往往是道德教育的好材料。例如：近些年青少年自杀新闻不断增加，我们可与学生讨论珍惜生命、面对挫败等课题。

　　教育内容俯拾即是，但总以课本知识的灌输及道德的建立为基础。每一位教师进入课堂内，一言一行都必须以教育学生为出发点。

个人反省

＊过去一星期内，你在课本以外所讨论的内容，是否是信口开河，满足自己？抑或能通过你的言论，对学生成长有帮助？

＊过去一星期内，除了课本知识外，你有没有在品德方面教导学生？

具体实践

＊将你阅读书报心得及生活体验点滴，记在一本记事簿内，在适当时候，与学生分享。

你的补充

多姿多彩

老师也可做一位出色的演员。

电视机的吸引力真大！电视节目有声有色，生动有趣。电视机一开，家中无论老幼，都像被磁铁吸住了一样，津津有味不自觉地看上数小时。

反观每天在课堂里，学生无可奈何地呆坐着上课，每课四十分钟的时间，动弹不得，听些艰深的概念和词句，殊非易事。我们老师应向大众传媒借鉴，看看有什么法宝能令教学变得富有吸引力、多姿多彩、轻松有趣。学生若能被课堂内的活动所吸引，自然就能安静地学习；否则，望出窗外、掷纸球、削铅笔、玩弄笔盒等玩意儿便会层出不穷。

在课堂里，老师是个焦点人物。从某种程度上而言，他是位演员，要有一定的魅力，无论仪容、声音、表情、动作都要能抓住学生的注意力。老师须注意仪容，大方得体、神采飞扬，衣饰要给人清新舒服的感觉。我们不必花枝招展，但总不要表现得垂头丧气。

在表达形式方面，我们尽量透过一些故事、比喻、笑话、生活实例，将课题内容生动地带出，表达态度尽量轻松幽默，使学习成为愉快的经验。此外，我们不能只是停留于左脑的语言及数字表达，亦可多利用右脑的图像、音乐功能，可透过图画、歌曲，增加课程的趣味性，帮助学生记忆。

由于科技日新月异，很多辅助教具教材在教学上带给我们很多方便，值得我们多加采用。例如：幻灯片、报纸、杂志、掌上电脑、教育电视、语言实验室等。校方亦不妨多拨款购买各类视听教材，所谓"工欲善其事，必先利其器"，教师多运用辅助教材，使教学多姿多彩，最终受益的是学生。

个人反省

* 在这学期里，你大部分的教学方式是否仍停留在写黑板及口授的层面？还是有效地使教学多姿多彩？

* 你对"教师是演员"这句话有什么体会？你是否是一位出色的演员？

具体实践

* 试试与一些志同道合的同事一起通过图画、音乐、辅助教具及教材等，制作一些多姿多彩的教学设计。

你的补充

传情达意

一句话说得合宜，就如金苹果跌在银网子里。

——《圣经》

在教学活动中，怎样运用声音、词句及黑板，将课文内容表达得清楚、生动和有条理，是老师重要的任务，我们应如何传情达意，才能令学生学得津津有味？

老师的声音格外重要，老师要说的话多，若有悦耳的声音，能起耳濡目染的作用。可惜，很多新入行的老师不懂运声，每天叫破喉咙，不出一两年，便发觉声带发炎，或声带长出息肉。要避免此种教师职业病，每位老师都必须得运用"丹田气"（即腹式呼吸）。教育学院课程应包括教授准教师正确运声方法，而学校也可安排此类讲座给在职老师。我校教师培训组曾为校内同事举办"教师声带护理讲座"，反应不错。

若懂运声，声量便能控制得宜。老师的声音要响亮得让全班听得见。声音太细、太弱，坐在后面的学生便会恹恹欲睡。现时，老师幸有扩音器作辅助，不过，声音透过机器，总变得生硬古怪。况且拖着长长的电线，将师生距离也拉远了。不过，"真声"上阵固然理想，但如果身体状态不佳，例如伤风感冒，或声带过于疲倦，这些时候，扩音器肯定是我们的"救星"。

此外，教师要口齿伶俐、咬字清楚、声调抑扬顿挫，快慢缓急也要恰到好处。肯定自信的声调，能增强学生对老师的信心，加深对课堂的印象。

用字选词方面，我们要说话合宜、文雅得体，做同学们的典范。教育应有提升作用，我们不必为拉近与学生的距离，而采用学生惯用的流行俗语。

至于运用黑板方面，也要像语文表达般有条理，切勿东写一句，西抄一段。太细太小的黑板字，也是不妥。在很多课堂里，坐近靠窗靠门两侧的同学，因有"反光"现象看黑板常有困难，教师要多加关注照顾。

个人反省

＊试检讨一下自己的声音、语调，看看是否满意，有没有需要改善之处。

＊用字选词及运用黑板方面又如何，是否满意？

具体实践

＊积极参加"声带护理课程"，或请教音乐教师，帮助自己掌握运声技巧。

＊用录音设备录下自己教学的声音，想想是否可以改进运声技巧。

你的补充

齐 齐参与

从实践中学习。

——杜威

老师应该尽量设计多姿多彩的课堂活动，让所有学生都有机会参与；尤其是对那些害羞、孤单的学生，更要多加关注。学生能兴高采烈地积极参与各项活动，无聊生事的违规行为便会相应地减少。

教育学家杜威提出"从实践中学习"（Learning by doing），让学生参与活动、策划活动，从中的经验体会印象深刻，总好过被动地聆听老师的教导。我们可以将学生分成小组，分派他们演话剧、做小组讨论、做小组习作。例如：叫他们出外访问、搜集资料，回来做报告。这些活动能增加创造性、趣味性、自发性，亦能发挥团体合作精神。

在教学时，不要只向几个同学提问，亦不要只让几个同学表演，而是尽量带动全班的高度参与。与其叫一两个同学在黑板上计数，而让其他同学呆坐，倒不如吩咐其他同学也一起在座位上做，做完后一起讨论。此外，多加插小测验、问答比赛等，也可以让学生齐齐参与。

我认识一位老师，他的学问功夫很了得，为人勤奋，常为教学备课至深夜。他的笔记丰富得有如珍馐百味、满汉全席。可惜，他不懂"齐齐参与"的秘诀。上课时，拿着珍贵笔记，大唱其"独角戏"，结果，学生被他的沉重笔记弄至消化不良，在座位上造反，气得他七窍生烟。如果他能改变形式，让学生自主搜集资料、独立思考，老师再从旁指导，相信教学效果会大大改善。

个人反省

* 在这个学期里，你有没有应用小组活动？

* 在昨天的课程里，你采用了什么活动，增加学生"齐齐参与"的机会？

具体实践

* 试修改一下自己的笔记，将重点精简扼要地表达。将其中部分资料，改以问答或活动方式，由学生下功夫去找出答案。

你的补充

点 指兵兵

老师，请您也把我当人看待，

而不仅是您记分簿上的一个号码。

——林双不《学生心声》

我们所接触的学生，每个都是独特的个体，所以我们要对他们有个别的关注。开学前，我们尽可能查阅及了解每个学生的个人资料，知道他们的名字、样貌、家庭背景、兴趣、爱好等。认识学生是我们的责任。切勿以学生为记分簿上的一个号码，也不要以测验结果对学生作先入为主的判断。

开学初期，老师能尽快记住学生的名字，是教学成功的好开始。所谓"知己知彼，百战百胜"。老师若不识学生的姓名，唯有用手指指点点坐在前面的几个学生答问题，大部分学生会感到被忽略。有些老师因不记得学生姓名，唯有以叫座位编号代替，使学生感到自己有如囚犯。其实，学生很渴望老师注意他们、认识他们。即使学生在座位上蠢蠢欲动，若老师能叫出他们名字，他们也会立即收敛。

在接触新的班级时，我有一个习惯：请班长在一张纸上写出该班的座位表，这样，我便能轻而易举地叫出学生的名字来作答。这个方法也帮助我很快地记住全班学生的名字。此外，有些老师也会向同学收集一张相片，做个相片座位表，帮助记忆。有些学校里，学生桌前都放上名牌，方便老师呼其名字。我们可请学生用白纸做个名牌放在课桌上，亦是可行的方法。

有一位教科学的老师，做实验点蜡烛时，她会邀请今天或本周过生日的同学出来做。我们也不妨请本星期过生日的同学做组长或出来发表演说。在学生而言，生日是很重要的。看重他（她）的生日，是珍视他（她）的存在价值。

个人反省

* 以你任教节数最多的那一班作分析：你对该班每个学生了解多少？你可以怎样加深对他们的认识？

* 你用什么方法帮助自己记住学生的名字？

具体实践

* 从今晚开始，每天将五名学生的特点记下来，然后，翌日在适当的时候，将你对他们的认识及关注表达出来。

你的补充

我 问你答

老师，请辅助我学习自己思考、
自己判断，而不仅背诵答案。

——林双不《学生心声》

问答过程对学生的学习是非常重要的，老师应有效地加以运用。问题要富挑战性，启发思考、深浅适中。太枯燥呆板的问题，引不起学生的兴趣；太浅的问题，侮辱了学生的智慧；太深的，会吓怕了学生。

问答必须在一个开放的气氛下进行，我们要有接纳开放的态度，鼓励学生尝试。我有一次观看一位实习老师教授英语看图作文，他问学生："陈先生每天早上做什么？"学生答："陈先生每天早上去上班。"他说："错。答案应该是陈先生每天早上八时去上班。因为图中有一个指着八时的时钟。"这正是一个拘泥于正确答案的典型例子。其实学生的答案也不是错。我们大可赞赏他答得好，然后再提示图画中的时钟，再请另一名学生补充回答。有时，即使学生的答案与你的不同，也不要太快泼冷水，不妨听听他们的解释，可能你会有意想不到的收获。

至于提问技巧，也是一门学问。我们要先提出问题，然后才叫学生作答，因为若将次序倒转，所有没有被提问的学生便懒得思考了。老师也要避免只叫前座的同学，或只关注几名成绩特别好的同学。有些老师问问题时，只按着学生座位顺序问，结果，学生数一数何时轮到自己，估计到时将会答哪一题，于是只准备此题，其他的时间便安心去做白日梦了。所以，老师要多用"随意抽问方式"，令学生提高警觉。例如：将学生名字写在卡纸上，然后抽问。又例如：请一名同学问问题，然后由该同学请班中一名同学作答。此外，我们可以问甲同学一个问题，再问乙是否同意甲的答案，再问丙为什么同意或不同意。这种评鉴式的随意抽问法能有效地加强学生对题目的关注，刺激思考。

个人反省

﹡试想想当学生答问题时，你通常有什么回应？你给他们的鼓励是否足够？

﹡你用什么随意抽问技巧，去提高学生的思考能力及注意力？

具体实践

﹡与同事交流一些提问技巧及一些加强课堂内开放气氛的方法。

你的补充

座位安排

好的开始是成功的一半。

座位安排与课堂秩序息息相关。老师会将一些捣蛋、搞笑分子分散而坐，避免他们聚在一起增加声势。有时将一些顽皮学生调近老师旁边，使容易控制。

开学之初，将学生按高矮编排好座位，隔一段日子，轮流调动，公平地使每个学生都有机会享受有利位置及忍受较偏远的座位。遇上辅导班或高年级的选科班，每班人数只得二三十人，老师最好也为他们编位，以免学生随意就座，结果高低不齐，老友聚在一起谈天说地，影响学习气氛。而且学生会倾向坐在教室后排，结果距离老师越远，学习的努力程度就越低。

学生分组活动容易引起秩序问题，老师要特别留意。若让学生自由组合，不加指导，结果台横凳乱，大组、小组凌乱分布，学生在教室内大叫，老师则要左穿右插地照顾各组，非常混乱。

我常运用小组活动来增强学生的参与感，在座位安排上特别注意。若活动量很大的话，我会带学生到一个较大的教室或到食堂进行，以免影响隔壁上课。若在平时上课的教室进行，我通常会将两行位的前后三个人合成一组，或将三行位的前后两个人合成一组，亦即每组六人，然后叫中间两名同学将桌子合并，桌子的每边各坐三个人。每次分组，所有的同学都能快速地照此组合。在这样的安排下，课堂座位井井有条，每组同学坐得贴近，讨论时不用大声说话也能听得见。每组有桌子方便书写记录，老师巡视每组时也容易走动。这个方法非常奏效，大家不妨一试。

个人反省

* 你怎样安排学生座位以达到课堂管理的效果？

* 在学生分组活动时，你作出什么安排以减少秩序混乱？

具体实践

* 与同事交流座位编排的心得。

* 试用本文所提及的分组座位编排方法，看看是否奏效。

你的补充

中 场休息

休息，为要走更长的路。

学习过程需要有休息。人若精神疲倦，精力便难以集中。研究发现：大多数人注意力最多只可维持大约四十至五十分钟；年纪越小，能专注的时间会相应减少。所以老师应多留意学生的专注能力及身心状态，以便作适当的调节；否则学生在身疲力竭的状态下，老师仍不察觉，继续讲课，只会白费心机。秩序问题，诸如传纸条、吃糖、往窗外观望、睡觉等常会在这些时候出现。

在上连堂课的时候，我通常会在两节课中间给他们一个小休息；或叫全班同学站起来，一起做几下深呼吸，伸伸懒腰，将手臂舒展一下；或让他们适当走动走动。当然，这些活动都要在受控制的情况下进行，同学通常都表示欢迎。同学们轻松完毕，再坐下听课，精神显得特别充沛。

有一位教低年级的老师，她与学生来个协议：同学若安静专心上课，不与邻座同学交谈，她便会给他们一个奖励——一次两分钟的休息。学生果然合作，每堂当她见学生的注意力开始减退时，她便宣布"两分钟休息"开始，让他们低声自由交谈休息。两分钟过后，一切恢复正常，学生又再次认真地学习。能放能收，是有效的课堂管理。

个人反省

* 你有没有关心学生的身心状态？他们疲倦时，通常有什么表现？

* 当学生的注意力减退时，你有什么解决方法？

具体实践

* 试在上连堂课时，给学生一个小休息，或一些小型运动。

* 试在低年级应用"两分钟休息"这个方法。

你的补充

无 声胜有声

尽在不言中。

研究显示，在信息的传递中，一句话的内容只表达了真正信息的 7％，声调的重要性占了 38％，余下的 55％ 是发自说话者的姿态、表情和动作。由此可知，身体语言在我们日常生活中，占了一个多么重要的位置。在教学活动中，身体语言同样占了一个重要地位。老师若能善于利用，则在课堂管理方面无往而不利。

很多时候，老师不必放下书本，晓以大义，或大骂学生一顿，才能保持课堂秩序。通过身体语言，控制秩序和教书，是可以同时进行的。

眼睛是"灵魂之窗"，老师目光流转，学生岂敢作怪？坚定严肃的眼神，炯炯有神的目光，怎不叫学生慑服？当我们紧绷着脸，嘴唇拉成直线，皱起眉头，叮着那个蠢蠢欲动的学生，轻轻摇头，或把手掌摇动，便能传达出一个清晰的讯息："我已注意到你，快停止你的活动。"那样，学生便会停止活动，乖乖听课了，而其他同学听讲也不会受到影响。

此外，身体语言也可以带给学生很多鼓励和支持，带动课堂温暖的气氛。例如：点点头、竖起拇指称赞、拍拍学生的肩膀，加上善意的微笑、鼓励的眼神、前倾的身体、留意聆听学生的神情……都能给予学生莫大的鼓励。

个人反省

* 试省察一下你平时在课堂里的姿态、表情和动作是怎样的，你这些身体语言带给学生一个怎样的形象？
* 在课堂管理方面，你是否善用身体语言？

具体实践

* 尝试用身体语言，给予学生更多鼓励。
* 多利用身体语言，在第一时间内，制止学生不合宜的行为。

你的补充

掌握全局

眼观六路，耳听八方。

初出道的老师，很容易成为"三板先生"，就是只望天花板、地板和黑板，不敢多望学生一眼。结果学生知道老师的弱点，便放肆地大叫大嚷、吃糖、传纸条，玩个不亦乐乎！

记得我第一年教书时，学生向我埋怨说："老师，你真偏心。老是望着前排的同学，问问题也只是问他们。"他们说的话提醒了我：学生是很希望老师关注的。其实，我并不是偏心，只是当时道行不够，未能掌握全局。

有经验的老师懂得"眼观六路，耳听八方"，能稳操大局。他们到达教室门口，必稍停下来，若见里面秩序混乱，他们必停顿一会，让学生知道他们的存在，然后示意学生安静，等到学生静下来，他们才踏进教室。没有经验的老师只会迅速而盲目地踏进一个秩序未定的教室，后果可想而知了。

有经验的老师懂得扫视全班，与每个学生有眼神的接触，耳朵亦能留意每个学生所发出的声音。而且，老师对每个学生的反应都了如指掌，但见学生眼睛一亮，嘴唇微微颤动，便知道他有好主意。不只一次，我请这类同学起身答问题，他们都惊讶地说："老师，你真棒！你怎知道我想答这个问题？"

近距离接触，也是掌握大局的方法。有经验的老师不会老站在一处。他会走下讲台，从容地在教室中走动，给学生亲切感。他会一面讲课，一面走近一些有不合宜行为的学生身边。这时，学生若正在吃糖，便会急忙将糖吞下去；若在偷看其他科的书，老师只需敲敲桌子，或索性将书本没收，便能继续讲课了。

个人反省

＊你在教室内能否掌握全局？

＊在今天的课堂上，你是否留意到个别学生的表情、声音和动作？

具体实践

＊试积极应用"眼观六路，耳听八方"的技巧。

＊试运用"近距离接触"的技巧。

你的补充

接受批评

开阔胸襟，接受批评。

在大学里，讲师通常在最后一堂派发"意见调查表"给学生填写，让他们表达对该科的意见。很多研讨会在结束前，也邀请参加者填写"意见书"，目的是从参加者的角度，了解该研讨会做得好的地方及要改善之处，作为日后举办时的根据及参考。

究竟我们的教学是否使学生得到了最大的利益？最能给予我们直接答案的，是教学的受众——学生。我以前当老师时，在学期结束前，也尝试请学生填写"意见表"。说真的，当收回学生的"评估表"时，心情有点像学生拿取成绩单般战战兢兢，不知道自己在学生心中的评价怎样？学生的赞赏让自己在后面的教学中增加了自信和肯定。看到学生批评之处，最初总感到有点不是滋味儿，很想为自己辩白。但若虚心反省，细心体会，不期然对学生的了解增加，亦对自己的教学有所改善。

此外，我也喜欢在下课后与学生交谈，他们常会给我中肯的意见。例如："老师，我们的英语作文及提要最弱，可否多教我们写作提要的技巧？可否给我们多几次作文练习？""老师，我们可以在家里做多项选择题，自己找答案，不明白的才问你，好吗？这样可节省些时间。"他们的意见，帮助我的教学，使内容、形式及进度更切合他们的需要。他们有份参与改善教学之感，自然变得主动和合作。让学生循正确途径发表意见，那些与老师敌对、当众驳斥老师、作不客气批评的场面，自然大大减少。

做个不断进步的老师，我们要开阔胸襟，接受批评。当然，我们教学能做到认真尽责，才有胆量邀请学生批评。而且，自己也要有一定程度的自信，才容易接受别人的批评。

个人反省

＊在你的教学生涯中，你是否曾主动地邀请学生对你的教学表达意见？

＊当学生批评你的教学时，你有什么感受？你有什么反应？

具体实践

＊试试在学期最后一课，请学生填写"意见调查表"。

你的补充

互相观课

**我们唯有勇于面对自己的长处和弱点，
才能不断进步，不断成长。**

现在，越来越多的学校进行观课，通常是单向的，由上而下。由科主任，甚至校长，给予新入职的或被考虑升职的同事观课，作为工作评估的根据。被评估的老师往往被吓得胆战心惊，甚至整夜失眠。

其实，观课不必只停留在考绩评估的层面上，它可以双向进行，老师们可以彼此观课，互相学习，以改善教学。

一班顽皮学生，在某些有经验的老师手中，会变得服服帖帖。没有经验的老师，即使碰着最听话的一班，也觉得难以驾驭。最直接向有经验的老师"偷师"，莫过于观课。观课时老师的用词、声音、眼神、表情、动作、与学生的对答、课堂的气氛、老师的应变能力，都一目了然，是活生生的一课。此外，同事们可找志同道合的同事，彼此观课。任何老师若愿意给别人观课，虚心接受别人的意见，必然有丰富的收获。

观课能否发挥效用，取决于我们对它是否有正确的态度。观课不是专挑剔对方的弱点，来拔高自己；否则，不如不做。观课后给予的意见，应该是有弹亦有赞。观课必须建立在互相信任、彼此支持的关系上，在互相切磋的和谐气氛下进行。此外，我们也需要有器量，鼓起勇气，乐于接受批评，即使自己觉得自己教得不错，也不要自满自足。很多老师都是完美主义者，很怕别人批评自己。其实任何一位老师，即使是最有经验的一位，他的教学也不会十全十美。我们唯有勇于面对自己的长处和弱点，才能不断进步，不断成长。

个人反省

* 在你的教学生涯中，你是否曾让同事观摩你的课？

* 你的感受怎样？反应如何？能否从他们的意见中获益？

具体实践

* 试想想校内哪一位是你最敬仰的最有经验的同事，试取得他（她）的同意，观摩一堂他（她）的课。

* 试邀请你最信任最熟悉的一位同事，观看一堂你的课，请他（她）坦白给你意见。

你的补充

Ⅱ 师生关系

谁能代替你地位？

透过自己的生命，去接触并影响学生的生命。

良好的师生关系是非常重要的，它直接影响学生的学习效果，更直接影响课堂管理的有效性。试想想：若老师与学生关系恶劣，彼此常处戒备、对峙的状态，学生情绪激动，又怎能愉快地学习呢？在互不信任、甚至敌视的关系下，冲突在所难免。学生对老师不满，违规行为自然层出不穷。

教学是一种人际关系的专业活动，老师必须主动与学生建立良好的师生关系。其实，学生亦非常渴望、非常重视能与老师建立良好的关系。在每个人的成长过程中，除了父母之外，老师便是学生生命里的重要人物。试留心听听学生们在小息或课余时与同学交谈的内容，不难发觉大部分都与老师有关。若大家回想一下自己求学的经历，不难发觉以前自己遇过所敬爱的老师，他们所说的一句话，可能令你终身受用，至今未忘。受敬重的老师，他们的一举一动、一言一笑，都足以在学生心目中留下深刻的印象。

我教了十八年书，做了五年校长，我觉得教育工作很有意义。

若要我重新选择我的事业，我也会毫不犹豫地选择教育。在每个新学年的开始，我总以战战兢兢的心情迎接一批新的学生，因为我知道，通过与他们的接触，我能对他们的成长有关键性的正面或负面的影响。我时常怀着感恩的心面对我的工作，因为我的工作并非接触呆板的死物，而是活生生的、有血有肉、有思想、有感情的人。正因为每个学生都是独特的个体，以致我的工作能充满新鲜感、能历久常新。中学阶段是人生成长的黄金阶段，大部分的个人理想、价值观、道德标准都是在这段时期形成的。老师能在青少年成长最具决定性的几年里，帮助他们，岂不是很有意义吗？

个人反省

＊在你求学过程中，对你影响最深的是哪一位老师？他（她）对你有什么影响？你对他（她）的感受怎样？

＊你是不是一位有影响力的老师？你对学生最大的影响是什么？

具体实践

＊试花点时间认真思考，列举你希望在哪些方面帮助学生成长，然后切实地去实行。

你的补充

石矿场的故事

教师是人类灵魂的工程师。

曾听过一个石矿场的故事：有一个人经过一个石矿场，见到一些工人，他便上前问他们在做什么？第一个工人一面机械式地工作，一面答道："我在凿石头。"第二个工人的答案是："我凿石头，为了养活妻儿。"第三个工人一面哼着歌，一面工作，他兴奋地说："我凿这些石头，是用来建造一所宏伟的圣殿。"当然，最后那一位工人最快乐，因为他知道工作的意义。

各位老师，我们对自己的工作有什么看法？有些老师说："我是驯兽师，日日与'野兽一族'较劲。"亦有老师认为："我工作，但求两餐温饱，管它什么理想！"但亦有不少老师认为："我是人类灵魂的工程师！"有些老师说："我每天接触着未来的社会栋梁，未来香港的主人翁。将来社会素质怎样？便要看我们今日如何工作了。"更有老师认为："教育是经国大业，绝不可以掉以轻心。"你呢，你会怎样形容你的工作？

我们的观念直接影响我们的感受，亦直接影响我们所采取的行为模式，我们的教育哲学直接影响我们的工作表现。同样地，我们对人性的看法亦直接影响我们课堂管理的模式。如果我们认为学生是无可救药的"野兽"，我们的感受便会是敌对、放弃，而我们相应采用的方式便会是高压政策；相反，如果我们相信人本主义的人性观，我们会相信学生在某些方面无论怎样差，他们仍有良善的一面，他们仍有可塑性：可以改变、可以健康成长的。倘若我们给予学生爱心与耐性，就能帮助学生将美善的潜质发挥出来。

我们从事教育的人，真的值得花时间省察一下自己的人性观和教育哲学。各位老师，你们会这样做吗?

个人反省

* 你会怎样形容你的工作? 你对教育采取什么看法?

* 你会怎样形容你的学生? 你对人性的看法是怎样的?

具体实践

* 切实地花点时间与几位谈得来的老师讨论一下：你们的人性观和教育哲学，看看这些观念一直以来怎样影响着你们。

你的补充

大 红花与玫瑰花

我们不能使大红花变为玫瑰花，
但可以使大红花开得更加美丽。

我们必须承认这个事实：我们所教的学生并不一定是驯良受教。有些学生在成长过程中遇到障碍，以致在性格及行为上出现了偏差：有些学生无心向学，扰乱秩序；有些班级令人头痛；有些学校所收的全是第五级的学生……但这并不表示，我们要放弃他们、镇压他们。那么我们应该如何对待？

首先，我们要确定自己和学生的起点，也要承认和接受自己和学生的限制。有些老师将第五级的学生当作名校学生对待，结果苦了学生，也苦了自己。学生达不到那些高不可攀的标准，唯有自暴自弃。所以，我们要先了解学生的情况，然后循序渐进、按部就班地制订合理可行的目标。我们必须承认并接受这个现实：我们所任教的"辅导班"，在我们的教导下，一年后也不会点石成金地成为"模范班"，但我们可以肯定：他们在这一年中，无论学业还是品行是可以有进步的。

我做老师时，常常有机会被分派教"辅导班"的英语，或担任这些班的班主任。眼见辅导班一名测验经常二十分的学生，现在进步至三十分，我会为他高兴，而不是责怪他还未达到五十分及格的水平。因着我的接纳和鼓励，他会继续努力，由三十分进步至四十、五十分。同样，做辅导班的班主任也不用灰心，对他们的要求不要过高，要尽量发掘他们的长处，加以称许，增强他们的自信心，给予他们向上求进的动力。

我的一位做校长的朋友曾经这样说："我们不能使大红花变为玫瑰花，但可以使大红花开得更加美丽。"是的，我们的学生中，有玫瑰花、大红花、白菊花、牵牛花……我们要认识并欣赏他们的特质，协助他们将潜质发挥出来，使各种花儿开得更加美丽、更加灿烂。

个人反省

* 选出你认为最难教的一班，试想想你是否知道他们的起点。试列出他们的特质和限制。

* 你有没有为这些学生制订一些合理可行的目标，提升他们？

具体实践

* 试将"大红花与玫瑰花"的观念在你所教的班别中进行具体的实践。

你的补充

品学兼优？

"学不优"不等于"品不优"。

我们赞赏一些好学生，会用"品学兼优"这个评语。能够达到品学兼优，固然是难能可贵；但是，"学优"是否一定是"品优"？"学不优"是否等于"品不优"？这些都是值得我们反思的问题。

"学优"未必等同"品优"。我们也见过一些成绩好但表现高傲自私的学生。同样，"学不优"不等于"品不优"。有些学生，他们的资质不好，根底也不稳固，但他们却有很好的品格：乐于助人，为人忠诚，富有正义感，有办事能力，富领导才能。我们作为老师，有没有给他们中肯的评语？有些学校，若学生成绩达不到某一个标准，他们的操行是不可以获得甲等的。这是否合理就要由大家来判断了。

学生在学科上有出色表现固然可喜，但他们在其他方面的显赫表现也不应忽视啊！有很多学生成绩平平，但画得一手栩栩如生的漫画，他日很可能成为大画家呢！班中落第的同学，也可能是在运动会上问鼎金牌的健儿。记得去年戏剧比赛中，一群成绩平平的中五学生，赢得了全校冠军。他们在编剧、造型、道具、服装、对白、演技、合作等方面，都做得很不错，令我赞叹不已。他们是非常有潜质的演员和导演。

有些学校规定：若学生成绩不好，放学后要立即回家温习，不准参加课外活动。我并不认同这种做法，因为它会给学生带来挫败感，连学生的长处和成功经验也给扼杀了。学生若只顾活动，不顾功课，我们可以提醒他们均衡地分配时间，但却不能因噎废食，不准参加。相反，他们在活动上的成功，能增强他们的自信，对学习也有间接的帮助。学生经过努力、有恒心地练习，在运动项目上取得成就；我们应鼓励他们，以同样的努力应用在学习上，这样才是两全其美的办法。

个人反省

＊对于一些成绩差的学生，你能否欣赏他们的好品德?

＊对于一些成绩差的学生，你能否欣赏他们的其他方面的能力和才干?

具体实践

＊从今天开始，每天试留意一个成绩平庸的学生，发掘他的长处，满怀诚意地称赞他。

你的补充

视 学生如子女

推己及人。

还记得第一年出任铭贤书院校长时，在毕业班同学的惜别会上，有同学致辞说："我们的校长像妈妈般爱护和关怀我们。"学生说的话让我感动。真想不到，我对他们的关心，他们能领悟得到，而且清晰地回应出来。

说真的，我是打从心底里疼爱我的学生。我关心他们各方面的发展：他们的学业、他们的德行、他们的信仰、他们的社交活动、他们的健康状况和他们的情绪感受……有时见到他们在冬天仍是衣着单薄，也会担心他们着凉。在医疗室里见到一些面色苍白、又没有吃早餐的同学，心里又爱又怜。在早会里，我会将一些生活点滴感受和做人道理与学生们分享。

我这种"视学生如自己子女"的态度，是受一位老师的影响。我在大学三年级时，选修了"英语教学法"。这科的外籍讲师第一堂课上说的第一句话是："你们日后做老师，必须要将学生当作自己的子女般看待。若能推己及人、设身处地地为学生着想，很多问题都能迎刃而解。"我很认同亦很佩服他的看法。态度比方法更重要，有了正确的态度，方法可以慢慢摸索和领悟出来。

想不到这位讲师的一句话，一直影响着我，并帮助我，直到今天。

个人反省

* 你有没有视学生如子女般爱护关怀他们？

* 假如你未结婚、也没有儿女，试假设你的学生是你的弟妹，你将会怎样爱护关怀他们？

具体实践

* 与你的友好同事商量，如何将"视学生如子女"落实到今年的教学实践中去？

你的补充

赢取尊重

上善若水。——《老子》

坤，盛德载物。——《易经》

有些老师埋怨学生没有礼貌，不懂得尊师重道。当然，我们作为老师，有责任教导学生有礼貌的表达方法，例如：如何有礼貌地表达意见？如何有礼貌地点头行礼？但是，话说回来，老师能否赢得学生由衷的尊重，就要看老师自己的人格品德、为人处世了。那些热爱生命、热爱工作、关爱学生的老师，才能使学生从心底里敬佩和尊重，否则，外表礼貌只是表面功夫而已。

有些老师，自我形象偏低，管理学生乏术。他们认为当今师道中落，要挽回颓势，必须争回教师的尊严和权威。老师高高在上，学生要毕恭毕敬，学生若捣乱作怪，便以惩罚和镇压方式使他们屈服，从而显出自己的尊严。这是非常错误的观念。

其实，每个人都有尊严，教师在争取自己的尊严时，不要忘记学生也有尊严。如果学生的尊严受到充分的尊重，他们的言行会表现正常；反之，则易变成暴戾。

我很欣赏我校一位中文老师的看法。他引用《老子》中的"上善若水"这句话，指出水利万物，但它处的地位却是最低。同样的，《易经》亦说："坤，盛德载物。"土地盛载万物而处于最卑。我们作为老师，要向水和土地学习，怀着虚己接纳的心态，与学生建立良好的师生关系。我们要多想想如何帮助学生、扶掖学生，而不是压制他们、放弃他们。

尊重是要赢取得来的。

个人反省

＊你能否赢得学生的尊重？

＊你是否尊重学生？

具体实践

＊试列举五项赢得学生尊重的方法，并尝试去实践。

你的补充

友善而严谨

神在他一切所行的，无不公义，

在他一切所作的，都有慈爱。

——《圣经·诗篇》

我们作为老师，要像父母般爱护关怀学生，让他们能在安全温暖的环境下成长，所以老师的亲切友善态度是不可缺少的。但这并不表示要对学生姑息纵容，降低标准。我们必须对学生严谨，教导学生勤奋好学，遵守校规，按着老师合理的标准和要求学习，培养良好的习惯。

老师在友善与严谨之间，必须取得平衡。有些老师过于严厉，学生偶尔交头接耳，立即予以重罚，这样固然不好。但亦有些"好好先生"，尺度过宽，造成不少课堂纪律问题。例如：当学生直呼其名，甚或呼其外号，他们欣然接受，不加纠正。虽然校规列明："上课时不得在教室内进食。"他们却与学生在教室内共尝雪糕。学生上课中途要求三五成群去洗手间，他们也有求必应……这些老师从不反对学生的想法和行为，以为这样才算是与学生打成一片。他们是纵容学生，这种做法是不能获得学生尊重的。其实，"友善"是对学生的尊重，"严谨"却是老师对自己的尊重，两者不可或缺。

以前听过一个故事：有位母亲到监狱里探望她那犯事的儿子，儿子愤然说："是你！害我到今天这个田地！"母亲说："怎么会呢？你要什么我都给你……"儿子说："正是因为这样，你才害了我！你为何对我一点期望也没有？"

老师们，我们需要有智慧地在"溺爱"与"期望"、"友善"与"严谨"之间取得平衡。

个人反省

* 尝试来一个自我评估：你是什么类型的老师？过分纵容？过分严厉？抑或恰到好处？

* 若你是过分纵容或过分严厉的老师，日后你打算怎样改善呢？

具体实践

* 多与同事讨论学生犯事的处罚手法，比较一下自己及其他同事的处理手法，反省自己是否过严或过宽，然后作出调节。

你的补充

 视同仁

在公正中长大的孩子，会明辨是非。

——罗乐德

据研究显示，中学生心目中好教师的特质是：讲解透彻明白和公平对待学生。由此可见，学生非常看重教师的公平性。学生期望老师能不偏不倚、一视同仁地看待他们。

有些时候，学生会愤愤不平地问："为什么我和某同学同样犯错，老师不罚他，只罚我？"例如：两个同学在课堂上交谈，老师只责备其中一个。两个同学都未交作业，老师却只罚其中一个留堂，对另一个则说"明天补交吧"。两个同学向老师请教功课，老师向其中一个详细讲解，而对另一个则置之不理。老师问问题，只问那几个聪明学生。班里有说话声，老师不由分说就责怪："陈大文，一定又是你作怪了。"

我们不否认人是容易有偏见的。有些学生样子甜美，有些学生聪明伶俐，有些学生勤学守规，他们都是人见人爱的孩子，很容易成为老师的宠儿。相反，有些学生虽无过犯，面目可憎；有些学生缺乏家庭照顾，样子肮脏，行为粗鲁；有些则反应迟钝；更有些成绩差、经常不守校规；他们都不太可爱，老师很容易便会有先入为

主的成见。班里出了什么岔子，都入了他们的账，这对他们是不公平的。

我担任辅导主任一职时，老师曾让一名顽劣的中四学生来见我。我问他："你知不知道我为什么要你来见我?"他怒气冲冲地说："个个老师都不喜欢我，什么事都赖我、冤枉我，什么都是我的错。好了，好了，算是我错了……"我望着他，感受到他有一肚子怨气。我回应他的感受："你觉得老师对你有偏见，觉得很委屈。"他顿了一顿，垂下头来，停了好一会，竟然饮泣起来。接着，哭诉了很多被老师错怪的经历，越哭越厉害。我也想不到一个平日的捣蛋天王，内心深处是如此伤痛的。当他情绪平复过来，我逐步帮助他客观地看到自己也有错的地方，然后鼓励他重新做人。

这次辅导工作提醒我，无论如何，我们对学生千万不要心存偏见!

个人反省

＊选你上课节数最多的一班，试想想班中哪几个学生最讨你喜欢，哪几个最令你头痛，反省你是否曾对他们偏心。

具体实践

＊与同事讨论，并彼此提醒，如何让每一位同学都获得公平对待。

你的补充

温暖的家

在接纳与友爱中长大的孩子会找到爱。

——罗乐德

我常常这样想：我们作为老师的，每天清早七时许便到校工作，直至下午三点半，接着便是开会，带领课外活动，直至下午五点，甚至继续留在学校改卷备课。屈指一算，每天竟有八九个小时在校园里度过。我们见学校的同事和学生，往往较见家中妻儿的时间还要多。究竟每天这么长的时间，我们是怎样度过的？是度日如年，苦不堪言？还是温馨满意，乐在其中？

其实，学生也和我们一样，每天颇长的时间留在学校里。我做校长的时候，喜欢清早站在校门口，迎接每个学生进入校园，与他们打个招呼，看着他们一个个进入校园，我在想：他们会怎样形容自己的学校？"一所监狱？""一间工厂？""一个温暖的家？"若学生每天八九个小时身处于一个痛苦的地方，日子是多么的难受啊！

在我看来，学校应该是一个温暖的家，同事彼此支持，彼此激励。同学互相关心，互相切磋。师生关系融洽和谐。在爱与关怀下，大家一起愉快健康地成长。所以我将这个"家"的观念，透过教职员会、早会等带给我的同事和学生，更推出"铭贤是我家"、"美化校园"等计划，他们也很认同。

作为老师，我们可将家的温暖带给学生。作为班主任，我们可增强班级的团结性，亦可鼓励同学美化教室。例如：在窗台上种植一些小盆栽，充分利用板报增加凝聚力。有时请学生搜集名言警句张贴在壁板报上，有时则张贴学生的优秀作品。开学初期，例如以"海洋世界"为主题，让每个学生以一种海洋生物代表自己，画上生物，贴上相片，写上自我介绍，贴在板报上，帮助彼此认识。

大家不妨一试，使学校成为温暖的家。

个人反省

* 你作为老师的这段日子，心里的感受是怎样的？学校是否给你"温暖的家"的感觉？
* 你觉得你的学生会怎样形容学校？

具体实践

* 你作为老师或班主任，试在你的能力范围内，想想可以怎样令学校变得温暖一些。
* 如果你是位行政人员，试想想如何令学校成为"温暖的家"。

你的补充

领袖与孤立者

老师，请您也把我当人看待，

而不仅是您记分簿上的一个号码。

——林双不《学生心声》

老师不单要了解每一名学生，更要了解学生之间的社群关系。我们要知道班内的结构，谁跟谁是好朋友？谁跟谁合不来？班内分为哪几个小团体？谁是班中的领袖？谁是被遗忘的孤立者？哪些是被排斥的人物？哪些是随从大众的大多数？在破坏课堂秩序上，哪些是带头的"滋事分子"？哪些是"小丑"？哪些是"教唆者"？哪些是"小喽啰"？

老师若有敏锐的观察力，不难察觉得到这些团体的存在。尤其是在一些学生课余活动中，能更明显地表现出来。例如：在班级外出活动时，留意一下他们是怎样自由分组烧烤？布置教室板报时，他们是如何自由组合？在年级各类比赛时，他们会表决派哪些同学作班代表参赛？此外，多与学生交谈，也能对这些事情多了解一些。

我们在教育学院就读时，曾学习运用社交评量图（Sociogram）的方法，透过询问学生最喜欢的几位同学是谁，然后将资料用图表示，将学生所喜欢的同学用线联起来。最后，班中的小圈子、班中的领袖、班中的孤立者，立即在图中表露无遗。社交评量图对了解学生社群关系非常有效。老师，特别是班主任，应该善用它。

当我们知道学生的相互关系，对我们在编排座位及安排活动上都有帮助。班中出现问题，可找几位领袖谈谈，事情便容易解决。我们也可与领袖们策划，推动班内团结的精神。当然，我们不要忽视班中的孤立者，尽快帮助他们融入小组当中。

个人反省

* 在你任教的其中一班，试想想你对他们的社群关系有多少了解，谁是班中领袖，谁是被孤立者，班中有哪几个小组。

具体实践

* 试用社交评量图，将你任教的一班的社群关系表达出来。
* 在了解他们的社群关系后，你打算怎样进一步帮助他们？试举例说明。

你的补充

课堂以外

走进学生中间。

我们与学生的关系，并不只停留在课堂之内，课堂以外的交往，也是同样重要。我们要走进学生中间。有些学校有举办师生同乐日，让师生一同参与课外活动，增加了解。此外，老师在小息、中午、放学后，不妨多走到食堂、球场、走廊，与学生亲切地交谈，增加了解。这些了解能帮助我们与学生建立关系，有利于间接地提高学生上课时的学习情绪。其实我们对学生的关心，亦不只是停留在学习教导的层面，而是整个人的发展。

在校内碰到学生，我们除了打个招呼、点点头之外，更可以寒暄几句。若能叫出他们的名字，就会令他们感到受重视；同样的，在新学年见到学生，可问问他们今年升往哪一班？鼓励他们努力向上。放假回来，可以问问学生假期中的生活。例如：见学生剪了发，可以告诉他，"你剪了发，人也精神多了。很醒目！"见学生换了眼镜，也可以提及。通常他们会感到受宠若惊，会惊讶地说："老师，你怎么知道我换了眼镜？"在生活细节中，给予学生关心和支持，能帮助学生建立自尊和自信，亦建立了亲切和谐的师生关系。

此外，下课后，在课堂以外，往往是解决学生问题的好时候。因为若在教室中教导一个违规学生，会影响大局，也阻碍了其他同学的学习时间。这时不妨约学生下课单独晤谈，诚恳而彻底地交谈，往往非常有效。

个人反省

* 试想想，你除了学习的教导外，在课余时间，有没有与学生作生活细节的交谈；你上一次与学生作这种交谈，距离今天有多久。

* 你在放学后，有没有约见一些行为出问题的学生，作单独晤谈，以帮助他们？

具体实践

* 列举一些实际可行的方法，使你能与学生建立起课堂以外的交往。

你的补充

Ⅲ 沟通技巧

心 平气和

身为一位老师，学生的快乐或烦恼
全在我的掌握之中。

——海恩·吉诺

在课堂管理中，老师与学生的沟通占了一个非常重要的位置。老师只有懂得沟通要诀，才能与学生建立良好的师生关系；课堂内很多冲突才能迎刃而解，大事化小。否则，处理不当，很小的事情也可以越弄越僵，甚至恶化至不可收拾的地步。我很同意心理学家海恩·吉诺的看法。他认为："在教室里，我（老师）是主宰一切的力量。学习气氛的好坏，全看我个人的情绪。身为一位老师，学生的快乐或烦恼全在我的掌握之中。我可以使他们奋发向上，充满信心；也可以使他们生活在屈辱和挫折中。"

在课堂上，常常有以下场面出现：

一位老师在盛怒中骂学生："你没有资格做我的学生！"学生亦不甘示弱，在愤怒中回应："你也没有资格做我的老师！"

另一位老师大声地喝令学生："你给我滚！"学生觉得老师不尊重自己，将她如狗般看待，哭着要见校长。

老师绝对有责任纠正学生的过错，但在责备学生的时候，我们要注意自己的语气和态度，要保持心平气和。因为在互相情绪激动的情况下，彼此对骂，双方都会关上耳朵，听不进对方的话，结果一切教导也变得徒然。

责备学生时，动机不在于发泄自己的愤怒情绪，亦不在于显示自己在权力斗争中占上风，而是在于帮助学生改变。所以，纠正学生过错时，我们不用大叫大嚷，只要心平气和地望着对方，态度冷静，以平和而肯定的语调，直接告诉学生什么是可接受、什么是不可接受的行为。我们要保持理智客观，要针对事不针对人。其实，责骂学生是应该有教育目标的。我们要告诉学生："我为什么责备你，你错在哪里？""你应该怎样改过？""你在日后应该怎样做。"这样的教导才能帮助学生进步。

个人反省

＊你责备学生时，是保持心平气和还是激动地发泄自己的情绪？

＊你责备学生时，有没有处处显示自己在权力斗争中占上风，要学生屈服在你的权力之下？

具体实践

＊试练习以心平气和的态度教导及纠正学生的错误。

你的补充

人比人，比死人

从未与人相比，

但求突破自己。

我们做老师的，往往不经意地犯上以下毛病：

"王志明，你的三个姐姐在本校都是高材生，怎么你却是又蠢又懒？一点也不像她们。"

"隔壁班的同学自习时都很安静，你们这班却是吵个不停！"

"你们看看，甲班同学勤奋用功，测验成绩全班合格，你们却是一塌糊涂，班中大半人不合格，你们知不知道？"

在沟通的时候，如果我们要指出对方的错误，最好是直接而诚恳地表达，不要比较。所谓"人比人，比死人"。每个人都是独特的个体，有缺点也有优点。将人与人、班与班相比，只会惹来反感和抗拒。

在比较之下，听者会有以下反应：

"姐姐们优秀是她们的事，与我何干！"

"甲班好是甲班的事，我们偏偏不要像他们！"

所以，用比较的方式不仅不能有效地使听者接受事实，而往往相反，令情况恶化。

　　其实"人比人，比死人"的道理也可应用在做人的原则上。我曾经见过一个牛仔裤的广告，很有意思。它说："从未与人相比，但求突破自己。"是的，我们要提醒自己，也要教导学生：不要与别人比较，而是要与自己比较。唯有如此，我们才能不断进步，以致"今天的我"比"昨天的我"进步。同样，老师赞赏或批评学生，亦应以他是否比以前进步作为标准。

个人反省

＊你有没有经常将一个学生与另一个学生或将一班与另一班相比较？

具体实践

＊试从自己做起，不与别人比较，不断突破自己。

你的补充

笔底橘

君子不辱人。

有一位老师这样说："别人是'笔底橙'？你们更差，你们是'笔底橘'!"被骂的那一班同学心里愤愤不平，在毕业十多年后，对这个老师的批评仍未能忘怀。

有一位老师对一名英语成绩差的中四学生说："你英语这么差，倒不如降级读中一好了!"结果，他的话令这位学生郁郁寡欢，险些自杀。

我们也曾听过一些老师作出以下批评：

"你四肢发达，头脑简单。"

"你笨手笨脚，像个大番薯!"

"你写字慢，反应慢，像条蚕虫!"

"你父母做小贩，你读不上书，不如跟父母去做小贩好了!"

"又懒又蠢，你肯定考不合格。"

这种看不起人、贬抑人，以学生外形、弱点或家庭背景作为笑柄，为学生起难听的外号，标记学生、攻击学生的行为，是对学生的不尊重，是极度破坏师生关系的行为！所谓"君子不辱人"，对人讥讽辱骂，必定会带来恶劣的后果。

或许有些老师自辩说："我这样做是'激将法'，是为学生好，刺激他们发愤图强而已。"无论"激将法"的动机多么好，始终是缺乏对别人的尊重，是不妥的。

个人反省

＊你是否曾讥讽辱骂学生？有没有给他们起过难听的外号？

＊在办公室中，你是否有讥讽辱骂学生的毛病？

具体实践

＊切记戒除讥讽辱骂学生的毛病。若有同事讥讽辱骂学生，也要鼓起勇气，给予提醒。

你的补充

眼高手低

老师，在同学面前，请别嗤笑我。这样您会伤我，也会让我恨您。私下一句温柔的劝告，对我更加有效。

——林双不《学生心声》

我有一位朋友，非常喜欢语文课，作文时常常表达自己的创意，怎料被老师批评"眼高手低"。老师说："你文字功底这样差，还学人写什么高深的道理？"吓得他中四时选了自己并不喜欢的理科班。

我另一位朋友在中学时亦有类似经验。有一次，他花了不少心机将生物课的绘图画得非常精细美观。怎料老师改卷时，不但没有给予应有的赞赏，反而说："这幅画一定不是你画的，一定是请人帮忙了吧！你哪能画得这么好？"那同学感到非常气愤，从此以后对生物课再也提不起劲了。

正确的沟通非常重要。作为老师，我们首先不应心存偏见，更不应盲目地贬抑学生。当我们指出学生错误时，仍要给予鼓励和欣赏，使学生能在正确的方向上发展。上述两位老师如果用以下沟通方法，相信效果会较佳。

上述的第一位老师可以说："你的文章很有创意，反映出你很有头脑、很有思想；只是你的表达能力还不够，不能清晰地将你的意见表达出来，很是可惜。你不妨多看些课外书籍，提高表达能力，将来一定会写得更好。"

第二位老师可以说："你的画画得很美，是否有别人帮忙？"如果学生说："没有，是我自己画的。"老师可以说："不用别人帮忙，能画得这样好，真难得！继续努力吧！"

相信这两名学生得到老师的鼓励，一定会对该学科更加有兴趣，更加努力。

同样的，在填写成绩评语时，我们也不要只给一些"批评式"或"泄愤式"的贬抑性评语，这只会令学生自暴自弃。我们应尽量给予积极性的正面语句，实事求是地指出其优缺点。例如：与其说学生"朽木不可雕"或"满口粗言、顽劣不堪，无可救药"，不如说："急需改善言行，学习如何处事待人。"因为前者是放弃口吻，后者是劝勉和鼓励。

个人反省

*试反省自己是否曾给予学生贬抑性的批评，影响了学生的学习兴趣？如果给你重新尝试的机会，你会怎样修正那句话？

*试检查自己写给学生的成绩评语，当中有没有"批评式"或"泄愤式"的评语。你会怎样修正它？

具体实践

*试留意并记下自己及同事所说的贬抑性说话，然后将说话用积极正面的方式表达出来。

你的补充

我 的讯息

诚则金石可开。

——曾国藩

在课堂上，老师为了保持良好的学习环境，当学生争吵、骚乱、从事破坏性行为时，老师往往运用了"你的讯息"。包括下列各项。

命令："（你）把糖吐出来！"

恐吓："如果你不排队，我要你整天站在这里。"

嘲笑："你简直像个小丑！"

讽刺："你以为自己是爱因斯坦吗?"

以上的"你的讯息"可能暂时能控制大局，但是却贬低了学生的自我形象，破坏了师生关系。它隐藏着一个意念：我是老师，有无上权威，你们要顺服在我之下。尽管学生在行为上顺从，但是在态度上是消极的。这类"你的讯息"用上数次，往往便会失灵，学生变得更顽劣叛逆。

老师可以学习改用"我的讯息"（I-message）表达。这种方法既不否定地评估学生，亦不损害师生关系，更能使学生衷心地愿意改变不合宜的行为，大家不妨一试。

"我的讯息"包括三方面："行为"、"后果"和"感受"。例如：

"当你排队时追逐游戏（行为），会延误大家的时间（后果），我感到很遗憾（感受）。"又例如："当你们不准时交回家长回条时（行为），我要花很多时间催促你们交，浪费了上课的时间（后果），令我感到很烦恼（感受）。"再例如："当你在座位上大嚷大叫时（行为），全班都停下来注意你，教学进度被迫耽误（后果），我感到很焦急（感受）。"

"我的讯息"能较好地帮助学生从老师的角度看事物，增加了体谅和合作精神。学生从事破坏性行为时，往往只图满足自己，没想到会给别人造成影响。听到"我的讯息"时，他们往往会说："我不知道会令你头痛。""对不起，给你添麻烦了。"当他们知道自己的行为如何影响了他人时，他们会愿意承担责任，愿意改正。

当我们用"我的讯息"时，我们要表露自我的感受，其实并不容易，是需要鼓起勇气，才能直接而坦诚地面对学生。正因如此，也拉近了师生的距离。

个人反省

* 试想想过去你与学生交往时，是多用"你的讯息"抑或是多用"我的讯息"。

具体实践

* 试将你对学生常用的"你的讯息"，改以用"我的讯息"表达。
* 试多用"我的讯息"与你的学生、朋友和亲人交谈。

你的补充

积极聆听

我们有两只耳朵，一个舌头，

其意义在使我们多听、少说。

——戴阿几尼兹

我们只有一个嘴巴，却有两只耳朵，这样好"多听少讲"。可惜，老师们常犯职业病：就是"多讲少听"，这是沟通的大忌。我们要耐心听对方说的话，不要太快下结论或提供解决办法；而且，我们不能只听表面的意思，更要听到对方内心的感受。

"积极聆听"（Active Listening）是不批判地尊重对方，用心聆听对方的说话内容及心声。由于领悟了对方的感受，在回应时就能如镜子般准确地将对方的感受反映出来，以致对方能有兴趣作更坦诚的表达，而自己亦能了解得更多。以下是一些例子：

当学生说："整天要上课，真讨厌！"如果老师回应说："你怎能这样说？上课是学生的责任嘛！"结果学生会立即收声，但并不表示他认同，而老师再难听到学生的心底话了。相反，老师可以这样回应："你对上课感到厌烦，巴不得不用坐在课堂里？""是啊，这里有做不完的功课，有测不完的测验，真令人吃不消！""功课和测验的担子很重，觉得很吃力？""唉，说真的，我觉得自己做不好功课，测验成绩也不好。""有想过怎样解决吗？""我想我补习，又怕加重父亲的负担。我也想过趁大假期时温习……"话盒子便逐渐打开了。

另一个例子是：学生伏在桌上哭泣，老师问她怎么回事，她回答说："没有人喜欢我。"老师通常的回应是："傻孩子，怎会呢？其实你这样可爱，人人都喜欢你的。来，擦干眼泪，振作起来。"老师一连串的好意，只能暂时平息事件，但对真相却毫不了解。相反，他可以说："你觉得没有人喜欢自己，感到很难过。""没有同学和我玩，他们个个都疏远我。""你觉得被人孤立？""是啊，上星期……""啊！呀！""上个月，他们……""真难受啊！有没有想过他们为什么会这样对待你？"于是，话匣子就被打开了。唯有深入了解问题，才能让问题得到较好的解决。

个人反省

* 你有没有犯以上两位老师的毛病？

* 你有没有运用"积极聆听"的技巧？

具体实践

* 试参加一些辅导课程和多看辅导书籍，多练习"积极聆听"。

你的补充

感 同身受

老师，我希望您是一位有感情的人，
而不仅是一部教书的机器。

——林双不《学生心声》

在课堂里，常有以下情况出现：老师背向全班，在黑板上写字，突然听到班内有学生交谈的声音。作为老师的我们，会有什么回应？以下是两种不同的反应：

一位老师说："不准吵！""再吵！""再吵全班受罚！"

另一位老师说："我听到有人在说话。""有什么问题？""有什么困难？"

第一位老师并没有了解实际情况，一开始便想到"罚"，不由分说，便假定了是学生的错，有说话声便是学生不好，就要受罚。

其实，有说话声有很多原因：可能是老师的黑板字写得不清楚，可能是老师写错了字，可能是一只飞虫刚扑在一个学生身上，也可能是两个学生正就课文的疑难问题细声地讨论。

第二位老师，能从学生的角度看事情，能感同身受。他的回应能集中在学生学习的困难上，他的表现就高明得多了。

你是哪一类老师呢？

个人反省

＊ 你是第一类还是第二类老师呢？还是其他类型呢？

＊ 学生在课堂上说话时，你的反应怎样？有什么更好的回应方法？

具体实践

＊ 尝试多从学生的角度看事物，能感同身受地去了解学生。

你的补充

易 地而处

人与人之间一切的误会、猜疑和隔膜，
都是出于互不了解。

——恩菲斯

有一天，一名学生上课时偷看暴力漫画，老师叫他将漫画交出来，他不肯，立即将书塞进抽屉内，而且向老师挑衅地说："有胆，你自己来取吧！"老师说："你下课后来见我。"然后继续讲课。

下课后，老师对学生说："你知不知道刚才做了些什么？"学生说："我认栽。你要怎样罚，就怎样罚。要记过便记吧。"老师说："如果你是老师，学生这样表现，这样说话，你会有什么感受？"学生低下头，不吭声。老师继续说："你知不知道当时我感到很难受，也很尴尬？其实我是为你好的，这些漫画对你是有害的……"最后，学生说："老师，对不起。明天，我在班上向你道歉。"一场风波便平息下来了。

这位老师很能忍耐，也很体谅。如果他只是声势威严地在课堂上与学生对峙，大家都下不了台。即使罚了学生，学生也只觉得自己已还了"债"。现在，老师用心平气和的态度，引导学生易地而处，让学生从老师的角度看事物；结果，学生能够从心底里表达悔意。

老师们，你能否心平气和地对待挑衅你的学生，引导他们易地而处呢？

个人反省

＊在你与学生的交谈中，你是否曾将心中的感受坦诚地告诉学生？

＊你是否曾帮助学生易地而处，从别人的角度看事物？

具体实践

＊当学生在课堂上违规时，尝试请他下课后详谈，深入地帮助他改变恶习。

你的补充

老师也可以道歉

做个勇于承认错误，并肯认真改过的老师。

有一回，一位学生没有带课本上课，也没有告诉老师，私下与邻座同学共用课本。但他并不专心，还不断与同学说笑。老师看见了，大怒，便骂了他一顿，说他："没有家教。"并且叫学生放学后见她。怎知，学生没来。

翌日放学，老师再找他，对他说："老师昨天说话语气太重，很想向你道歉，可惜你昨天没有来。"学生感到错愕，心想："老师竟然向我道歉。"老师接着说："老师有不对的地方，但你知不知道，当时老师为什么这样恼怒？"学生说："我知道我也有不对的地方……"在互相坦诚的沟通下，结果和气收场。后来这个学生上课时就变得合作听话了。

老师也是人，也有犯错的时候。老师有时会写错字，也会读错音，计错数；在恼怒时，也容易失言，伤害了学生的自尊心。但是，我们做老师的，是否以老师高高在上的身份来"压"学生？我们是否有"老师永远都是对的"的观念？若是这样，学生只会口服心不服。相反，学生愿意亲近一些勇于承认错误、并肯认真改过的老师，因为他们更有人情味，更平易近人。当然，话说回来，我们也不要因此放松自己，常常给自己犯错的借口。我们要尽量少犯错，做学生的好榜样。

个人反省

* 你常犯的错是什么？当你知道自己犯错时，你的感受怎样？反应怎样？

* 你是否曾向学生道歉？感受怎样？学生的反应如何？

具体实践

* 在日常生活中，多省察自己。若是犯错，要勇于承认。

* 省察自己的弱点，努力少犯错。

你的补充

IV 规则

课 堂行为规范（一）

好的开始是成功的一半。

每一班通常有四十名学生，若每个人按自己的喜好行事，情况会大为混乱，所以学生在课堂内进行一些经常性的活动时，要有一致的做法和程序，使大家能在最有效率、最有条理而不需老师重复提醒的情况下进行。所以在学期初，老师应当详细解说课堂行为规范，并严格执行，以培养学生生活的纪律性，亦为学生营造了良好的学习环境。

上课前的课堂行为规范包括：

一、学生排队进入教室后，将书包放入抽屉内或书桌下。

二、组长迅速收作业本。

三、值日生负责开关风扇、电灯、窗门、窗帘。

四、班长将作业本送到教师办公室。

五、学生将当堂所用的书本及文具放在桌上，安静地等候老师进来。

上课时的课堂行为规范包括：

一、当老师进入教室时，班长号令全体同学"起立，见礼"，然后全体坐下。

二、迟到进入教室的学生，要先敲门，进入教室后要先向老师
见礼，才可走回自己座位，自动交出作业给组长。

三、学生若要说话、发问，要先举手。

四、上课中途，不得去洗手间。必须时，老师酌量每次只限一
人。同学必须先举手，问准老师，方可离开教室。

五、书桌上不可同时放上两个学科的书本，即每节课后，学生
要清理桌面。

六、上课要专心，并积极参与。

七、老师离开教室前，班长号令全体同学"起立，见礼"。

老师要持之以恒，有原则地坚持要学生遵守课堂行为规范，使
之成为习惯性的程序。这样既能节省时间，又能使教学过程更加
顺畅。

个人反省

* 上述的"上课前课堂行为规范"中，哪一点是你的学生经常忽略而你希望日
后严谨执行的？

具体实践

* 在学期初详细解说上课前及上课时的课堂行为规范，并严格执行。

你的补充

课堂行为规范（二）

好的开始是成功的一半。

　　课堂行为规范部分是全校性的措施，详列在校规内，亦有部分课堂行为规范是老师与学生共同拟订的。无论是哪一类，老师都必须要求学生遵守，彻底执行。

　　下课及转堂时的课堂行为规范包括：

一、每节课后，值日生要将黑板擦干净。

二、每节课后，学生要记下该门课程需要温习、预习或测验默写的范围。

三、转堂时，学生不可走动，但可与邻座同学细声谈话。

四、转堂时，班长负责将犯规同学的名字记下，交给班主任处理。

　　放学前的课堂行为规范包括：

一、学生收拾自己的学习物品，将桌椅整理干净后才能离开。

二、清理抽屉及地上的垃圾，每个人负责自己书桌附近的清洁。

三、放学时，班长交"课堂日志"到教务处。

四、值日生擦黑板、关风扇、关电灯。

在同一所学校里，教师之间应有协调，有一致的做法。如果不同的教师采用的规则和惩罚差异过大，学生就会感到无所适从。所以在新学年开始时，校方应将所订的规则列在"教师手册"内，并向教职员讲解。规则要清晰合理，才能获得教师支持。然后由教师向学生讲解清楚，并贯彻执行。

个人反省

* 上述的"下课及转堂时的课堂行为规范"中，哪一点是你的学生经常忽略而你希望日后能严谨执行？

* 上述的"放学前的课堂行为规范"中，哪一点是你的学生经常忽略而你希望日后能严谨执行？

具体实践

* 你和校内同事对课堂行为规范要协调一致，以免令学生无所适从。

你的补充

约 法三章

人与人之间一切的误会、猜疑和隔膜，
都是出于互不了解。

——恩菲斯

在新学年开始时，老师不妨坦诚地将自己对学生的要求说出来，亦给予学生机会，鼓励他们发表意见，表达学生对老师的期望。以民主讨论的方式，约法三章，达成协议，作为整个学年中师生共同遵守的准则。

例如：一、我们告诉学生，作为老师，我们非常期望他们准时交作业。二、我们说出原因：学生若不做作业，所学的知识便得不到足够的练习，学生便不能充分掌握这些知识。而且，如果学生迟交作业，也会给组长、班长及老师带来麻烦，因为他们要不断地催收作业本。三、我们与学生商量：若他们不遵守，应受什么处罚？学生可能会说："我们有时不是不做作业，只是忙中有错，忘记带作业本回学校，可否给我们一些宽限？"经商讨后可能达到以下规定：学生不交作业，翌日补交，由班长纪录，每月有两次宽限机会。第三次至第五次便要受罚：例如要罚写作文、默写或留堂，第六次老师电话通知家长，第七次老师与家长面谈，以此类推。若学生在半年内都交齐作业，便会获得一些小奖励。

老师也可以用上述方式将我们对学生的其他要求说出来。例如：一、上课要带齐书本和文具，否则，亦由班长纪录，两次以后，便要受罚。二、上课时要保持安静。老师讲课时，学生不能讲话。学生想发言，要先举手，但要在老师讲完一个段落时才能举手。

同样，学生也可以在学年初，将他们对老师的期望表达出来。例如：较有潜质的班级往往期望老师多印发一些补充作业给他们练习，有些班级可能希望老师多用小组活动的方式施教。

师生在民主气氛下约法三章，彼此便能主动合作地在促进课堂学习环境方面尽上责任。

个人反省

＊你有没有让学生参与拟定共同遵守的规则及违规后的处罚？

具体实践

＊将你对学生的要求说出来，亦让学生表达他们对你的期望。

你的补充

言出必行

做一位言出必行的老师。

与学生共同制订了一连串的课堂行为规则之后，我们可以在课堂上将规则简要地逐点读出来；必要时，更可将规则贴在教室布告板上，让大家共同遵守。

立法之后，便是认真执法。因为若只有规则，而不加以认真执行的话，则规则只能成为笑柄而已。有些人认为立法要严，执法要宽。我却认为立法与执法要一致。我们订的规则要合情合理且可行，而订立以后，便要尊重规则，彻底执行。我们要言出必行，不要让学生觉得我们是讲一套，做一套。

例如：学生如果没有带作业或课本，我们便根据已订的规则，施行惩罚，既不轻此薄彼，又不马虎了事，否则制订的规则便前功尽弃了。

又例如：我们若吩咐学生放学后留下，而学生并未留下，千万不要轻率了事。翌日要问他，再叫他来。若他再不来，可请最后一堂的同事帮忙，或亲自出马，在教室外等他放学。我们尽量不要约了学生，自己却因有其他的事情要办而叫学生改天再来。

同样，对于在课堂里各种大小事情，我们也要认真从事，彻底执行。例如：很多时候，我发现学生在上课及下课时向老师敬礼并不认真，有些老师亦并不严格要求，这是不好的。有些学生站得东倒西歪，嘴上在说："老师再见！"而眼睛却望向走廊外的同学，或是俯身收拾着书包。这种毫无诚意的敬礼是不应容许的。如果我们容许的话，就是间接地容让学生对老师无礼。所以，我们要告诉他们敬礼的意义，教导他们做每件事情时都要认真做好。我们也要以身作则，放下一切工作，肃立向学生回礼。若学生敬礼时马虎，不妨叫他们坐下，再起立，重做一次，直至做好为止。

让我们做个言出必行的老师！

个人反省

*你对学生所犯的课堂行为规则错误，有没有彻底跟进，抑或马虎了事？

具体实践

*列出一些学生常犯而你往往不坚持的规则，日后切实执行。

你的补充

先 管后教？

知其然，亦知其所以然。

　　很多有经验的老师会提醒后辈：在课堂管理方面，要"先管后教"，似乎很强调"管"的重要。对这句话，我是部分赞成、部分反对。

　　如果"管"是指"课堂管理"，而"教"是指"教学"的话，我同意老师要先搞好"课堂管理"，才能进行"教学"。在课堂上，只有在学生安静守规的情况下，教学才能顺利进行。如果教室内一片混乱，台横凳乱，满地垃圾，学生大叫大嚷，老师继续讲课是徒劳无功的。秩序混乱时，老师不妨暂停讲课，严肃地望着闹事的同学，表现出自己的不满，让大家安静下来，再继续讲课。

　　另一方面，要做好课堂管理，是否单靠"管"便行？这却有待商榷了。如果"管"是指"管束"，而"教"是指"德育的教导"的话，我是绝对不同意"先管后教"的。单靠管束和约制，只能收到很低层次的效果。结果是：当老师在教室时，学生基于恐惧受罚，唯有安静；当老师离开教室时，他们就故态复萌了。因为"管"只达到外在的制约，而不是发自学生的内心，所以在课堂管理方面，必须配合"德育的教导"，从而培育学生的内控能力和自律精神。

　　为防患于未然，我们先要有很多预防性的教导，教导学生什么是正确的行为，什么是较好的行为，什么是待人处事的正确方法，什么是可容许、可接纳的行为标准，教导他们弃恶从善，慎思明辨。我们不单教导学生有关社会上的法律和学校的规则，更要引导他们领会法律和规则背后的精神，使他们"知其然"，亦"知其所以然"。然后，当学生犯规后，我们要教导他们承担后果，认识犯错的因由，探索改善的方法，以免日后重蹈覆辙。所以，在课堂管理中，"教"是关键所在，我们切勿掉以轻心。

个人反省

* 当课堂秩序混乱时，你是否继续讲课？抑或有其他较佳的做法？
* 你有没有给予学生德育的教导，培育他们的内控能力和自律精神？

具体实践

* 在制订课堂规则时，多向学生解释规则背后的精神。当惩罚学生时，要教导他们惩罚背后的原因。

你的补充

校规

要将过错连根拔起，倒不如以培养德性的方法将过错窒息。

——拉斯

在传统的校规里，我们会见到以下句子："学生不论在校内或校外均须检点言行，所为有损害学校或同学声誉者均属严重犯规。""严禁携带饮品上楼进教室。""不得携带贵重物品或不合理数量的金钱回校。""不得攀折或践踏校内树木花草。""不得破坏或涂污学校公物。""不可有粗暴行为，不得说污言秽语。赌博、吸烟及一切不良嗜好，均应禁绝。"校规中是一连串"不得"、"严禁"、"禁绝"、"属严重犯规"等字眼。很多学校对学生行为作了负面假设，制订了一套严格而细密的规则，来约束学生的行为。

我很欣赏一所中学的创新做法：学校放弃传统校规的规范和惩罚概念，提出正面而积极的行为守则。现列举部分于下："行为守则：一、学生须臻善敏行，追求卓越，自强不息。二、学生应自爱爱人，抱持公平、正义之心，并尊重群体及他人。三、学生须注意日常礼貌，态度宜大方得体，遇人要招呼，态度要和蔼亲切，谈吐要温文友善。四、日常学习要认真、投入，并能勤勉有恒。五、学生要保持校园整洁，爱护公物，创造更佳学习环境。六、学生宜善用资源，提高学习效益。七、学生须自律、自重，注意公众场所的行为举止。八、学生宜多参与社区活动，以发展个人及服务社群。九、学生宜重视家庭，与家人融洽相处，互助互勉。"

这所中学的校规中，常用的字眼是："须"、"应"、"要"、"宜"，都是正面积极的教导，这是对学生的肯定和尊重，引导学生建立正确的价值观。

我们在课堂教学时，常用的字句是"不得"、"不准"、"严禁"，抑或是"应"、"要"、"宜"等正面的教导？我们所制订的课堂行为规范及校方的校规是属于第一类，抑或是第二类？实在值得我们反省。

个人反省

＊你在课堂教学时，常用的字句是"不得"、"不准"、"严禁"，抑或是"应"、"要"、"宜"等正面的教导？

＊你所在学校的气氛是禁止性的，抑或是鼓励性的？

具体实践

＊试将你所制订的课堂行为规范，尽量用正面积极的方式表达。

＊试建议学校检讨校规，减少负面约束，增强正面教导。

你的补充

V 鼓励与赞赏

赞 得合宜

正直的赞扬是必须偿还的债务。

在课堂管理中，鼓励与赞赏起了很大的作用，因为它能引发学生正面的情绪，令学生感到愉快和安全，也让学生觉得自己独特和成功。感受到老师和同学的支持，学生自然会更有方向感。这些正面情绪也带来正面的行为反应，他们会更加主动、自律、积极、合作、自尊，对未来充满希望。

威廉·格拉瑟（William Glasser）认为人需要爱和自我价值，当需要被满足时，便能有成功的经验。同样，马斯洛（Maslow）认为人除了生理需求和安全需求外，还有爱的需求和自尊的需求。获得爱和自尊，人才能做到自我实现。所以给予学生鼓励与赞赏，能满足学生的需求，学生感受到被爱，觉得自己有价值，便能在学业和行为上有正面的发展。

当我们鼓励赞赏学生时，要称赞得合宜。一些滥用的、胡乱的赞美并没有多大意义，被称赞者也不会觉得受用。我们称赞人首先要出于真诚，此外，更要具体。一些空洞的形容词如："乖"、"好"等，未必能有效地帮助学生。我们与其称赞学生的品德，倒不如称赞他所做的事情。

我们若称赞学生说："你真是个好学生。"学生可能不能接受，因为自己不觉得自己"好"，也不知自己怎样"好"，日后也不知如何维持这个"好"的状态。反而，我们若称赞他的行为会更有效。以下是一些具体的例子：

"学生会的房间本来很凌乱，真没想到你们一个早上便能清理得这么干净！"

"这次考试老师多给你加了十分，我很高兴你能诚实地告诉老师。"

"这星期，我看见你们花了很多心思，放学后一起做模型，这些模型真的是栩栩如生！"

"下课时，你们懂得让老师先离开教室，真是有礼貌的表现。"

"我很喜欢你们板报上的问候语，又好看又有心意！"

具体地称赞学生所做的事，不单只令学生心感兴奋，更给予他们行事为人正确的方向。

个人反省

* 你对学生的赞赏，是否流于空洞，抑或具体清楚？

* 你是否多赞赏学生的品德，抑或是学生所做的事？

具体实践

* 试将"你真了不起！"、"你简直是个天使！"、"你是个诚实的孩子！"改写成更具体地称赞行为的话。

你的补充

自 证预言

我不放弃你，即使你放弃自己。

在自证预言（Self-fulfilling prophecy）的研究中，罗桑莎（Rosenthal）和杰柯布逊（Jacobson）将一批平凡的学生随机地抽出来，然后告诉教他们的老师：这批学生智力高，具有潜质。结果，一个学年后，他们果然在学业上有突出的表现。

当老师被告知学生有发展潜质时，他们不期然会对学生有特别的期望和鼓励；因为老师的期望和鼓励，学生也相应地会产生积极的行为表现。相反，老师对学生期望消极，他们的表现亦会相应消极。这种"不辜负期望"的现象，被解释为"自证预言"效应。

在香港，中学生按成绩分为五级，被分到不同的中学里，而很多学校也按成绩分班。这种分流方法，带给学生很多心理伤害。由于全校都公认甲班聪颖守规，而戊班最差最懒最捣蛋，结果被分配教戊班的老师感到晴天霹雳，大难临头，每每来到教室门口，就感到头痛脚软；而戊班学生品学表现也出奇地差。就是这样，"自证预言"的恶性循环就在很多学校里重复地出现，真可惜！即使一些在"一级"名校就读较差班的学生，也会缺乏自信心，自暴自弃，结果，成绩表现远低于他们的能力。其实，他们若在"二级、三级"

的学校就读，他们早已是班中的高材生、学校的宠儿了！

　　怎样将这个"恶性循环"的僵局打破，扭转成"良性循环"呢？关键在于老师们及校方的态度。首先，我们要相信每个学生都有发展潜质，都是可以改变、可以发展和可以成长的。我们要对学生心存希望，给予积极的鼓励，绝不可心存歧见，更切勿轻言放弃。例如，开学初期，我们可以告诉学生："虽然你们的知识基础较弱，但是只要肯上课留心，交齐功课，我有信心你们是可以有进步的。在这学年里，你们仍会遇上困难，也未必科科合格，但不要灰心，你们是有希望的。"老师的诚意及积极鼓励，肯定能带给学生希望，学生对前景有希望，无聊的破坏秩序行为也会相应减少。

个人反省

＊当校方委派你担任较差班的老师或班主任时，你的反应怎样？抗拒抑或接受呢？

具体实践

＊在你任教的相对较差的班上，试列举五句欣赏鼓励他们的积极句子。

你的补充

广告的启示

教室清洁，有你功劳。
学习愉快，靠你帮忙。

以前，在一般交通工具上，常常见到以下警告："严禁吸烟，违例者罚款。""禁止随地吐痰，违例者罚款。"近年，代之而起的是较亲切温和的广告。例如：在地铁中，我们常见到："车厢清洁，有您功劳。""空气清新，靠您帮忙。"又例如：城市巴士广告："Thank you for choosing City Bus."（感谢选乘城市巴士。）

值得欣赏的是：整个香港社会越来越懂得鼓励欣赏的重要。地铁广告背后是一个对人积极的信念，相信并尊重人可以做得到，也做得好，乘客可以积极参与，同地铁建立合作的关系。地铁公司认为：车厢清洁，空气清新，并非偶然，是乘客的合作，是他们的功劳和帮忙。其实，乘客有选择权：他们可选择破坏，也可选择合作。同样，城市巴士的乘客，可选择搭乘城市巴士，也可选择其他交通工具，在此，巴士公司懂得尊重乘客的选择，亦为他们的决定作出肯定的支持。

在课堂上，我们对学生有没有同样积极的信念？我们对他们是否有同样的尊重？其实，学生在课堂上，可以选择捣蛋不合作，也可以选择遵守课堂规则，令整班气氛愉快。我们是否对大部分循规蹈矩的学生表现欣赏，抑或认为是理所当然。

当见到一名平日上课常引人注意的学生今天却非常安静专心，不给人任何麻烦时，下课后，我们不妨拍拍他的肩膀，对他说："你今天上课很安静很专心，非常好。课堂也安静多了。"

此外，我们也不妨效法地铁和城市巴士的广告，鼓励学生创作一些标语口号，例如："教室清洁，有你功劳。""学习愉快，靠你帮忙。"以增强全班的合作精神。

个人反省

＊你有没有对大部分表现中规中矩的学生表示欣赏，抑或认为是理所当然的？

具体实践

＊试与学生一起为课堂创作一些有趣的富有创意的口号或标语。

你的补充

公开表达

劝告朋友要在无人地方，
赞扬朋友可在人多场合。

——西拉斯

　　东方人比较含蓄，不习惯具体地公开表达爱，总是"爱在心里口难开"。我们要鼓起勇气，并多加练习，"赞人要读出声"。爱要让对方知道，并让其成为一股暖流、一股动力。例如，在课堂上，当学生写作文或做习题时，我们可以轻轻走近学生，拍拍他的肩膀，说几句赞赏的话："你最近上课留心多了，我很高兴。""你做作业比以前认真了，字也写得工整多了。"此外，在休息时，在走廊见到学生，也可以送上真诚赞赏的话。有时在课堂上，学生答题很精彩，亦可即时在全班面前称赞。

　　另外，还有很多鼓励赞赏的方法，可以表扬学生的优点。例如：在学生的作业上写上鼓励性的评语。在教室的板报上，将学生的好文章、好习作、好测验展示出来，或将好作品刊登在校刊上，以作其他同学的榜样。

　　我做老师的时候，常为学生盖上卡通人物印章，写上鼓励性的评语，这不单让低年级学生喜爱，连高年级的学生也喜欢。现在，文具店有更多精美的星星、贴纸，老师可买来用作奖励。老师亦可有系统地效法爱丁堡奖励计划设金银铜奖，将星星、贴纸累积若干个之后，送糖或铅笔、书签、记事本等文具。礼物不用昂贵，意义在于礼物背后的欣赏。奖品如书签累积若干个之后，便颁发奖状一张。也可扩展至全校性奖励计划，在结业典礼时颁发奖状。

某中学举办了一个"学生群星点点"的活动，当老师留意班中学生有良好行为表现时，便在一张精美的卡通明信片上，写上欣赏学生的字句，将学生的相片贴在上面，然后将明信片张贴在教室板报上。过了一段时间，将明信片取下来，过了胶，送给学生留念。此外，亦可通过全校的广播系统，将老师对学生的欣赏发布出来。

让我们多花点心思，将我们对学生的爱与欣赏表达出来。

个人反省

＊在文中提及的众多方法里，你曾经用过哪几种？

具体实践

＊与你的同事一起设计一些适合贵校的奖励计划。

你的补充

进步可嘉

要知道任何工作，都是汗珠和精力的结晶。

不论成就如何？你应当拿赞美代替讥笑；

拿鼓励代替嫉妒。你多讲一句赞扬和鼓励的话，

无异会给人家一股热力，使他增加前进的速度。

并不是具有显赫成就的人才能享受被赞赏的专利。其实，每一个平凡的人也有很多值得赞赏的地方。我们作为老师，不单只看学生的成就，而且要懂得欣赏他的努力和他的进步。我们的焦点要放在他学习的整个过程，而不是只看最终结局。此外，我们也不要将标准定得过高，令学生觉得遥不可及，毫无成功感。

中国人望子成龙，往往对子女期望过高，而且常常过分侧重在学业上的成就，结果忽视了子女其他方面的成就。我们经常听见父母埋怨自己的子女不够勤奋。在新年里，青少年最怕亲友问自己考第几名，因为除非自己名列前茅，否则总觉得面目无光。曾听过，有些父母当儿女在会考中考获八优一良时，他们并不高兴，相反会埋怨儿女不够勤奋努力，没拿到九优。其实，每班第一名只有一个，

全香港九优状元也只是寥寥数人。结果，绝大部分的青少年在这样的高标准下，变得抬不起头来。我们必须明白和接纳，每个学生都有他的特长，都有可以赞赏的地方。某同学可能英语好，某同学可能美术好，某同学可能成绩进步了，某同学可能乐意帮助人，某同学可能很有领导才能，我们都要欣赏他们。有进步的同学，我们要肯定他的努力，对他说："你这次测验虽然不合格，但我欣赏你的努力，你由二十分升至三十分，已经是很不错啦！"

　　有一名学生，在班内常扰乱秩序，功课成绩差，校方决定警告他。被警告后，他上课留心了，班主任趁机称赞他最近上课用心。接着，他的测验也稍微有了进步，班主任亦趁机在全班面前赞他测验进步，增强他的成功感，结果他发奋图强，在学期期末，名次升上了十多名呢！

个人反省

＊你对学生的学业及行为标准是否订得过高？有没有欣赏他们的小小成就？

具体实践

＊每天尝试观察班中的三名学生，想想他们有什么小小的优点值得你赞赏。

你的补充

魔鬼与天使

魔鬼不会立刻变为天使。

我担任辅导老师时，曾接触过一名中一学生，他功课不好，上课不专心，坐立不定，常骚扰同学。在我辅导后，他立志改过。怎料，一星期后来见我时，他哭了起来。他告诉我这个星期过得很辛苦，他要尽很大很大的努力，才能控制自己不做那些常做的事。最伤心的是老师并不体谅，继续针对他，说他懒惰，说他散漫。他说既然辛苦仍被老师责骂，倒不如回复旧我来得痛快。

听了他的心声，我鼓励他继续努力，告诉他："你以前一向给老师坏印象，现在必须要加倍努力，才能扭转老师对你的负面看法。切勿因此气馁，再走回头路。"

这个中一同学的心声，令我想起为什么有些吸毒者戒毒后不久又复吸，而一些囚犯出狱后又再犯法。一方面是他们意志不够坚强，另一方面是他们得不到社会人士的支持和鼓励，我们应该给予犯过错的人改正的机会。

老师常以划一的标准去量度所有学生，结果有些学生永远是不合格。我们要敏锐地察觉学生犯事的频率和严重程度，若有少许进步，也要给予称赞。例如：学生以前每堂都不带书上课，现在一星期不带书两次，已是一个进步，我们可以对他说："我知道你最近尽力带齐书本上课，希望你能继续努力。"千万别说："黄志强，你又不带齐书本上课，真不像样！"

辅导学生要有耐心，魔鬼不会立刻变为天使，学生积累多年的恶习，也不可能因老师的"神仙棒"而转瞬变好。学生行为会有起有跌，老师不要因学生重蹈覆辙而灰心，以致辅导半途而废。在这个时候，我们应给予学生"加强剂"，在我们爱心和耐心的鼓励下，他们虽然仍会有波动，但肯定能波动地上升进步。

个人反省

* 当你教导或辅导的顽劣学生重蹈覆辙的时候，你有什么反应？灰心放弃抑或继续鼓励？

具体实践

* 试找出班中一些时起时跌的学生，尝试给他们鼓励，扶他们一把。

你的补充

得道记

赞美是所有声音中最甜蜜的一种。

——金诺芳

在铭贤书院当校长期间，有一次，我在《明报》看到本校学生的投稿，题目是"赞赏"。投稿的同学，因为老师在她的周记里，写上宝贵的意见，并赞赏说她已"得道"，掌握到写作的要诀，令她"难以忘怀"、"兴奋了老半天"。

学生说老师的赞赏无可否认增加了一些无形压力，对自己的要求提高了不少；然而也激励了她的斗志，令她更加勤奋写作，努力学习写作的技巧，多看出色作家的不同类型作品，务求吸收各种写作技巧的精华，融入自己的文章当中。

原来，这位资深老师一两句赞赏的话，对学生可以起这么大的激励作用。不是每个学生都投稿，但是，老师的赞赏在每个学生内心深处，会同样产生极大的反响。看完这篇投稿，我将它剪下来，复印给各同事，以作为彼此的激励。

老师的工作量，未必能将每本周记或作业都眉批细改，但我们可以尝试每次抽五本来精改，当中加上鼓励性的评语，肯定对学生有帮助。

同样，在课堂上，老师也可以应用此原则，多关注、多赞赏学生的行为表现，相信学生也会甜在心里，终生难忘。

个人反省

* 在本星期里，当批改学生作业时，你给予了多少个学生赞赏性的评语？
* 在昨天的教学里，你给予了多少个学生赞赏？

具体实践

* 除整体关顾全班学生外，每堂课尝试注意三名学生，尽量留意他们的长处，给予赞赏。

你的补充

给 你一个贴纸

少责备，多赞赏。

相隔不到半个月，我在《明报》校园版，又看到另一名铭贤同学的一篇投稿，题目是"谈老师给贴纸"，是一名中六同学回忆中五时的一幕往事。

日子差不多接近毕业考试了，老师吩咐同学完成某几章练习。结果，部分同学没有交齐练习，有些更借口多多。老师并没有愤怒地谴责那些为自己辩护的学生。在派发作业本时，她轻轻地说："完成所有练习的同学，你们将得到一张贴纸。你们所付出的努力，老师不会不知道，一张小小的贴纸，当然不是价值连城，只代表我对你们的鼓励，希望你们继续努力。"投稿的学生说："她温柔地说这番话，仍深深烙印在我的脑海里……她灿烂和煦的笑容，是医治心灵烦躁的良方，我至今仍没有忘记她给予我的勉励！"

我看完这篇文章，很是感动，也将它剪下来，复印给所有老师互勉。文中提及的是一位年轻的老师，她很温柔善良，对学生循循善诱。事后，我与她谈及此事，她也很感动，想不到事隔一年，学生仍能将她当时的神态、语气、内容清晰地记下来。这篇文章也成了她日后教学的动力，教学虽然辛苦，但所付出的心血，学生是能领略到的。

其实，当日这位老师并不开心，因为很多学生没有交练习，她大可以责骂全班一顿，不过她选择"少责备，多赞赏"的原则，送贴纸给那些完成所有练习的同学。

让我们也向这位老师学习。例如：学生在操场排队时，我们可以责骂那些排队时不断交谈、表现散漫的班级；我们亦可赞赏地说："中二乙班排队最快、最安静，大家要向他们学习。"相信后者的赞赏往往更加见效，因为中二乙班感到高兴，而其他班级也知道老师的标准，以中二乙班作为模仿对象。

个人反省

* 在四十人一班的学生中，你是否会因其中五名顽劣分子而耿耿于怀，抑或你会因三十五名纯良受教的学生而感到欣慰？

具体实践

* 试想想昨天的教学中，你给予学生多少次责备？多少次赞赏？试积极减少责备，增加赞赏。

你的补充

见 校长

为学生创造成功的经历。

前一段日子，曾探望在外地就读中学的儿女。有一天，儿子放学回家，对我说："妈妈，我明天要见校长。"我登时吓了一跳，心想："儿子犯了什么事要见校长？"因为在香港，通常是闯了祸的学生，才要见校长的。

儿子见我一脸忧虑，便立刻笑眯眯地说："我的设计（Project）全年级第一，老师推荐我明天见校长。"儿子更自豪地告诉我，他已经不只一次见过校长。校长与他谈话，又将学生的好记录写在一本册子里。女儿也兴奋地告诉我她上台领奖的成功经验。

在香港，我们也可以让好学生在老师的推荐下有"见校长"的光荣。现在，通常犯事的学生要受罚，往往被要求见科任老师、班主任、训导主任，最后要见校长。同样，学业表现好、行为表现好的同学，按理也可安排获赞赏，按序先见科任老师、班主任、训导主任，最高荣誉是见校长。

据闻某第五级学校的学生经常迟到，校方用鼓励赞赏的方法，帮助学生养成准时上课的好习惯，进步者赠以书签，累积积点，学校更为他们安排"茶叙奖励计划"，在茶叙中，校长逐一与参加的学生拍照留念，以作奖励。

"好学生见校长计划"，实在值得考虑及推行，让学生有更多成功的经验。

个人反省

* 在你任教的学校里，校长有没有接见学业好或行为好的学生？

具体实践

* 可以将"好学生见校长计划"建议给校方采用，并按贵校情况，与同事一起
  设计计划的细节内容。

你的补充

VI 纪律与惩罚

罚 得其所

惩罚别人的时候，要避免愤怒。

——西塞鲁

从课堂管理的角度来看，当学生违规时，教师是需要对学生作出适当的惩罚的。适当而合理的惩罚能产生抑制及阻吓作用，亦让学生承担犯错的后果。不过，老师要罚得其所才行，因为惩罚常带来很多负面的情绪及负面行为反应。执行时要加以辅导，才能真正帮助学生。

首先，惩罚要建立在良好师生关系的基础之上，使学生明白老师惩罚他，也是为他好，学生要知道什么是可接受及不可接受的行为。在开始时定了上限，学生过了上限，便要承担随之而来的后果。

惩罚要循序渐进，学生若有轻微过犯，我们给予责备和警告，或要求学生道歉，语气尽量平和，不必大动肝火。学生若再犯，我们可以给予轻微处罚，例如要求学生写反省性的文章或要学生写悔过书，尽量让学生透过文字有反省的机会。有些老师按传统机械式地罚学生抄校规一百遍，或抄"我以后上课不得骚扰同学"一百遍，这只会令学生对惩罚麻木，或产生抗拒。与其这样倒不如让学生参考校规资料，将之整理消化，写一篇"如何做个好学生"的文章，更有意义。若学生的文章写得好，也不妨朗诵给全班听，或张贴于板报上，让大家欣赏。

惩罚不只可以是反省性的，也可以是建设性的。一些服务性，补偿性的工作，可以交给犯规的学生去做。例如：打扫教室，擦黑板，帮助图书馆整理书籍。让犯事学生学习服务，以补偿过失。又例如：学生在教室踢球，弄污墙壁，最好的方法莫过于要他们周末回校髹漆了。

有些同学不断在班中构成滋扰，影响其他同学上课。校方可罚他"监守行为"。经"监守行为"后，学生往往会有改进。此外，对构成滋扰的学生，暂时的"隔离"也可见效。不过，切勿滥用，剥夺了学生的上课机会。班外隔离，要为学生安排安静的地方，由其他老师或职员看管，从而给他有建设性的惩罚。若他表现良好，便给他返回课堂受教的机会。

个人反省

＊这星期里，你是否曾给予学生反省性或建设性的惩罚？

具体实践

＊试与同事交流一些反省性惩罚心得。
＊试与同事交流一些建设性惩罚心得。

你的补充

防微杜渐

及时缝补一针，可省去九针。

在课堂管理方面，老师要有敏锐的触觉，留意学生的情绪及行为反应。当发觉学生有不良行为时，尽量及早以温和的方法制止，避免让风气蔓延至不可收拾。例如：当教室里有一两名学生抛掷作业本时，老师要立刻制止；否则，若蔓延到全班学生都抛掷作业本时，课堂就失控了。又例如：当两名学生排队时你推我碰，老师如果立刻制止，便可避免出现打架的场面了。所谓"防微杜渐"，早期的介入是很重要的。所以训导处安排优等生在小息及中午巡视走廊及教室，而有些学校的老师在放学后到附近商场巡视，都是为了能及早发现及制止学生不良行为的出现。

在教室里，常有以下情况出现：学生窃窃私语、往窗外观望、发白日梦、睡觉、传纸条、吃东西、掷纸球、玩文具、偷看其他书籍等，在大多数情况下，老师可以在问题尚未严重时，及早处理。

老师处理问题的手法，亦应循序渐进。首先用温和而不影响全班学习的方法，若未见效，才逐步将行动升级。例如：一、老师可以暂停授课片刻，用目光注视学生，等候学生停止违规活动。若学生立即醒觉，老师便可以继续授课。二、若不见效，老师可以清清喉咙、摇摇头，说："有人扰乱了课堂秩序。"三、学生若继续违规，老师可呼其名字或行近违规学生身旁，敲其桌子，或用手拍拍他的肩膀，或没收他正在玩耍的文具或正在偷看的书，或叫醒正在酣睡的学生。四、若有需要，可对全班作简短的训话，使大家知道这种行为是绝对不容许在课堂上发生的，因为会影响全班的学习。五、如有需要，在解释原因后，可给予学生警告；如有再犯，便要处罚。然后老师继续授课。六、若违规行为继续出现，课后老师有必要约见学生作个别辅导。

对于轻微的违规学生，特别是初犯者，老师尽量以温和宽大的手法处理，例如警告，或要求学生道歉便可，不用太早加以重罚。

个人反省

＊你有没有遇到文中提及的违规情况？你有没有及早处理？你的处理方法是怎样的？

具体实践

＊试用上述六点循序渐进方式处理学生轻微的违规行为。

你的补充

循序渐进

及时缝补一针，可省去九针。

    有些学生不单上课不专心，还骚扰其他同学。例如：在座位上大声说笑、发问时不举手、在座位上叫嚷、擅自调座、刻意骚扰别人。在这些情况下，一、我们要给予劝告，嘱不可再犯。二、我们要立即制止其行为，以免恶化。此时可将骚扰别人的学生调到前面靠近老师的座位。三、这类情况，须要课后约见学生详细询问，了解学生的性格、家庭状况、心理、学业成绩、社交关系等，了解分析其原因，作个别的处理。

    有些学生情况更严重，他们对老师不礼貌，当面驳斥老师，对老师作不客气的批评或不依从老师的处罚。这个时候，一、老师最重要的是控制自己的情绪。二、反省自己有没有做错的地方。三、从容幽默地避开正面冲突。四、告诉大家有礼貌、适当表达意见的方法。五、安排学生下课后面谈，详细了解问题所在，继续跟进。六、若有困难，请训导组、辅导组或学校社会工作者跟进。

    在处理课堂问题时，老师必须自我反省，要给自己及学生

"台阶"下。

首先，老师要反省自己的教学方式是否过于沉闷，以致学生散漫不专心？老师也要看看自己处理学生时有没有伤害了学生的自尊心，令学生有如此敌对的表现？若是有，便要立即改善。当然，学生的散漫或敌对态度也可能源于家庭问题或成长障碍，这就更要对症下药处理了。

此外，老师要冷静而有智慧地避免在课堂上出现师生争持不下的局面，要给双方"台阶"下。最好的方法是：在学生犯规时，简短地告诫学生，将此记录在案，并约学生下课后倾谈，然后继续授课。这样就能给予双方冷静的机会，下课后深入讨论，是一个彻底解决问题的方法。切忌在课堂上师生闹得面红耳赤，彼此因为面子问题，僵持不下；而全班同学则在"看戏"，看看"谁胜谁负"，这种场面，要尽量避免。

个人反省

* 当课堂上出现问题时，你有没有作自我反省，抑或只觉得全部是学生的错？
* 在师生冲突的情况下，你有没有给对方"台阶"下？你如何处理的？

具体实践

* 与志同道合的同事一起分享一些给学生及自己"台阶"下的经验。

你的补充

另有苦衷（一）

我（老师）可以使他们（学生）奋发向上，充满信心；也可以使他们生活在屈辱和挫折中。

—— 海恩·吉诺

    心理学家鲁道夫·德瑞克斯（Rudolf Dreikurs）指出：学生不良行为表现，往往源于四种错误的目标：一、吸引注意（Attention Seeking）。当学生不能以正确途径获得注意或称许时，他可能会用不恰当的方法来寻找满足。例如扮小丑、经常无故发问。二、争取权力（ Power & Control）。当学生感到自己不获关注时，他可能会争取对别人的控制作为补偿。例如向老师的权威挑战，欺负弱小同学。三、报复（Revenge）。当学生得不到注意或控制权时，会觉得别人对自己不公平，为了补偿这份"伤害"，学生会找寻报复的机会。例如精神或肉体上伤害别人，或自残。四、放弃（Helplessness）。学生因为得不到关注或权力而感到无能无助，以致放弃一切尝试。例如自暴自弃，不想回校上课。

    志刚的个案是一个典型的例子：志刚自小父母离异，与外婆同住。他一向成绩中上，也经常参加学校活动。但是，今年开始，他与新班主任的关系却出现了问题。新班主任不喜欢志刚，觉得他很烦，经常抢答问题，引人注意。班主任认为身为老师，处事要公平，不能让某个学生霸占太多时间，便故意不让志刚回答问题。

志刚受到冷落，渐渐变得不守规则，态度无礼，在座位上大叫大嚷。老师于是在班上直斥其非，又继续故意不让他回答问题。志刚认为老师对他有偏见，便驳斥老师，当众批评老师，甚至将老师所使用的词句，歪曲成有色情意味的谐音，引人发笑，使老师难堪。老师很愤怒，将他重罚。

在这个阶段，他开始了一连串伤害及攻击同学的行为。他有时故意将脚一伸，令同学扑倒在地上；后来更攻击同学，令同学受伤入院，而自己也被送进警局。自此以后，他变得沮丧消沉，很想离开学校，不再读书了。

我相信如果老师对心理学有多一些了解，能采用较合宜的处理方法，情况一定不会弄得这样糟。

个人反省

* 试就德瑞克斯理论，将志刚不良行为的四个错误目标列出来，并申论之。

* 你有没有遇到类似的情况？

具体实践

* 详列举你在课堂上所遇到的行为问题（例如擅自调座、睡觉），然后以德瑞克斯的理论去分析一下，这些行为背后有何动机？

你的补充

另有苦衷（二）

我（老师）可以使他们（学生）奋发向上，充满信心；也可以使他们生活在屈辱和挫折中。

——海恩·吉诺

学生的不良行为，每每引致老师产生不同的情绪反应及相应行动。当仔细检视自己的情绪感受时，我们是可以察觉到学生行为背后是属于哪一类错误目标的。至于处理手法，我们要非常谨慎。若以即时反应行事，往往带来恶劣后果。

当学生作出引人注意的表现时，老师会感到不耐烦和愤怨。在这种情况下，老师须在课后与他倾谈，了解他这样做的原因。老师可以对他的不良行为不加理睬，但必须要让他有机会用积极的方法取得注意。老师尽量留意及强化学生的良好行为，例如给予学生为全班服务的机会、赞赏学生在上课时的良好表现，鼓励他们参加课外活动等。

当学生要争取权力时，老师每每感到受威胁，最自然的反应是还击，于是，师生便在权力斗争中，相持不下。其实，这个时候，老师要分外冷静，避免敌对场面，要下放一些"权"给学生。例如让学生从两个或多个合理的活动中作选择，给予奖励，容许参与。例如制订课堂行为规范时，让学生有参与和发表意见的机会。

当学生要报复时，老师会感到内心受伤。这个时候，老师也需要找好朋友、好同事吐吐苦水，以免这种不好受的感觉影响了日常教学。老师学生切勿冤冤相报，否则只会两败俱伤。若能在下课后与学生坦诚表达内心的感受，当然最好；但是若关系已经破裂，不能与学生积极沟通，便须将他交给其他老师，或请社工或教育心理学家做中间人，帮助学生寻找愤怒的原因及消除愤怒的方法。

当学生想放弃时，学生所表现的行为往往会令老师很想将他放弃，所以老师的感受也是无助的。在这个时候，老师要立定主意，让学生感受到：即使他想放弃自己，老师也不会放弃他；何况按现时教育法规的规定：校方是不能轻易地将学生赶出校的。所以，老师倒不如积极面对，给予鼓励，与学生制订合约，使学生在能力所及的标准中，努力前进，让学生每天都有一点成功的经验，使他逐渐能抬起头来，重新做人。

个人反省

*你教学时，是否曾有这样的感受：不耐烦、受威胁、受伤、无助，试想想学生当时作出什么行为令你有如此感受？你如何处理？

具体实践

*试从你最近所遇到的一名犯规学生，了解他犯规背后的动机。

你的补充

水落石出

有罪而不罚，是对无罪者的残忍。

——巴布烈兹塞拉

当学生犯规时，有时老师由于经验不足，或工作太忙，以致轻率"判案"，作出很不公平的决定。例如：在课堂上，甲乙两名同学捉弄丙同学，令丙同学惊叫起来。若老师不由分说，只罚丙同学，这是很轻率、很不公平的做法。所以，在惩罚之先，老师必须查明真相，以免"错杀良民"。

有一次，有一位老师在小息时，见到一名学生正用绳索勒着另一名学生的颈项。老师大吃一惊，立即上前制止，并将那攻击别人的犯事者带到训导处记过。事隔十多年，老师与那被罚的学生相遇，学生仍愤愤不平。原来，他是因不断地被同学欺凌，以致气愤起来，作出攻击性行为。其实，这个学生的行为固然应受罚；但是，不断欺凌别人的学生，亦理应受罚的。

有一次，甲同学的计算器不见了。老师搜查书包，在乙同学的书包内，发现失物。既然证据确凿，理应是乙同学偷窃。怎料，乙同学哭得很厉害，大呼冤枉。于是老师深入调查，以求能真相

120

大白。老师先问甲同学失物何时不见，甲同学说音乐课时还在，音乐课后便不见了。于是老师找出几名最迟离开音乐室的学生，然后个别接见他们，终于查明，偷窃者另有其人，是丙同学。丙同学因与乙同学有积怨，所以栽赃嫁祸给他。在这个个案中，老师认真的调查态度是值得欣赏的。所以，我们千万别为了行政上的方便，轻率"判案"，更不要以镇压式的惩罚去解决问题。我们要多花点时间去追查事件的来龙去脉，查个水落石出，以免"错杀无辜"。

个人反省

＊在这星期内，当学生犯规时，你有没有轻率地"判案"，抑或查个水落石出？

具体实践

＊为了不"错杀无辜"，我们要肯花时间去查明真相，有需要时，请其他同事帮忙。

你的补充

逼 上梁山

在羞辱中长大的孩子，充满了罪咎感。

——罗乐德

有一名预科生在考试前请了病假，班主任怀疑她不是病了，而是想留在家里，有多些时间温习。班主任要求她交一份家长写的请假说明。她交了请假说明后，老师进一步要求她交医生证明。隔了一天，学生交来医生证明。老师仍有所怀疑，于是打电话向医院询问，结果，证明了老师的怀疑是对的，那学生交来的医生证明是伪造的。结果，学生所犯的错不单只是缺课，而是更为严重的欺骗学校，伪造文件，不得不重重处罚。

在整个事件上，其实班主任可以采取另一种做法。在事件初期，老师可以诚恳地找学生倾谈，告诉她考试前的课堂学习同样是很重要的，因为老师往往会在考试前给同学很多宝贵的提醒；况且在考试前请假，容易令人怀疑；而且成绩表上太多缺席次数，对学生也不利。我们尽量给学生正面诚恳的教导，总胜过上述那种咄咄逼人、不断向学生要证明的做法。结果学生为了掩饰一个已说的谎言，而被逼陷入另一个谎言的困境。于是，从某种程度上来讲老师间接地将学生逼上了梁山。

学生总有犯错的时候，老师的责任是给予体谅，给予教导纠正。我们不用做侦探，时刻表现出："哼，今次还捉不到你！"我们更不用证明自己精明能干，时刻表现出："哼，你无论怎样也逃不出我的手掌心！"

我们作为老师，要经常省察自己的动机，究竟是为学生着想？抑或是为了要证明自己的能干无误？我们是否过分重视侦破案件、找足够证据，多于辅助学生改过？

个人反省

＊在处理学生犯错事件上，你是属于哪一类老师？你有没有将学生逼上过
　梁山？

具体实践

＊多给予学生关怀体谅，多给予学生正面诚恳的教导。

你的补充

妄 下判语

法官的天平，还是向同情那边倾斜，

较向严肃那边倾斜为佳。

——塞万提斯

某天，学生迟到了十分钟进教室，告诉老师他课间换教室时因为不舒服，去了医疗室休息。老师不相信，因为她在课间换教室时是由医疗室那边的楼梯走上来的，但并没有碰到这个学生。她便盘问学生说："是真的？你说谎。我刚从医疗室那条楼梯上来。"学生一脸无奈，放弃地说："我无话可说。你认为怎样便怎样好了。"原来，该名学生确实是到过医疗室，只不过因为那条楼梯人太多，他走了另一条楼梯而已。

类似情况，经常会在学校里发生。例如有些老师怀疑某个学生偷窃；有些老师见到头发金黄的同学，就怀疑他染发；或有些老师闻到学生身上有烟味而认为他吸烟。从老师的角度看来，学生是犯错的，但学生却认为自己无辜。在类似情况下，我们要小心处理。不妨有耐性地虚心地听听学生的辩白，不要过早妄下判语；不要与学生纠缠于一些未能证实的事上，不应一口咬定对方犯过，也不要过早出言恐吓："如果调查属实，你必定要出校。"

在法治社会里，人权是受到尊重的。法律的精神是宁纵无枉，怀疑利益归于被告。当证据不足时，我们宁愿放他一马，也不愿他无辜受屈。同样，作为老师，我们宁愿多信任、接纳学生。

个人反省

＊试雀察自己在过往的教学生涯中，有没有妄下判语，一口咬定学生犯错？

具体实践

＊实践"宁纵无枉"的精神，耐心地聆听学生的辩白，证据不足时，宁愿放过学生。

你的补充

小题大做

恼怒将理智的灯吹熄，所以在考虑解决一个重大问题时，你必须脉搏缓慢、心平气和、头脑冷静。

——英格索

　　记得我第一年教书时，遇到一名学生，他上课时最爱与邻近的同学谈话，头不断地往前后左右转，我被他的"螺丝头"弄得心烦意乱。骂他，他却嬉皮笑脸。不久，又引人注意，气得我七窍生烟，于是将他重重处罚。下课后，我气冲冲地回到办公室，向一些有经验的同事吐苦水，她们耐心地听我的诉苦，然后微笑地安慰我说："这些事在课堂上是常有的，不用太生气。"我现在回想起来，觉得这件事很"小儿科"，但对一位新老师来说，当时实在觉得很困扰。

　　新老师由于经验不足，应付学生的技巧有限，缺乏自信，往往反应会比较强烈。班内偶尔有咳嗽声、细语、铅笔落地，或稍微的刺激，也会令他紧张起来，立即中断教学，小题大做地训话一番，或施以重罚。

　　当学生有违规行为，例如驳嘴、不听课，新老师的第一个反应是："他不尊重我！他故意刺激我！所以有如此表现。"资深的老师却会问："这个学生在成长方面出现了什么障碍，以致他的表现和其他同学不同？他的家庭背景怎样？我应该怎样帮助他？"两类老师由于对事物的看法不同，随之而来的感受和处理方法亦各有异。前者感到受侮辱、受欺负，必须要还击，以显示自己能控制大局。后者知道问题不在自己，而在学生，故采取较同情的态度，将焦点集中在学生身上，便能用平和而肯定的语气纠正学生的错误，而所给予的惩罚亦合情合理。

无可否认，经验是累积而来的，新老师亦要假以时日，才能应付裕如。在学校里，同事们若能彼此支持，有经验的同事便能给予新老师很多实际的帮助。我校很着重教师培训工作，更为每一位新老师安排一位有经验的老师做"保姆"，使新老师能更有效地教学。这是一个值得向大家推荐的方法。

个人反省

＊当学生有违规的行为时，你通常的反应是怎样？你属于第一类抑或第二类老师？

具体实践

＊试给予新老师鼓励支持，有需要时，分享个人的教学经验；并且在校内推动老师培训工作。

你的补充

杀一儆百？

任何人犯罪，都不应被惩罚两次。

——马克沁

中国人认为"杀一儆百"是维持社会秩序的金科玉律。他们认为给予犯事者严厉的惩罚，特别是在大庭广众中加以严惩，能对大众起警示作用，基于前车可鉴，大家便不会重蹈覆辙了。

我非常反对这个做法。惩罚一个人，应该按他所犯事的轻重，而且处罚他应该是为他个人的好处，令他有所改变，而不是为了别人的缘故。"儆百"固然不错，但为了"儆百"而去"杀一"，对此"一"人实在是太不公平了。

有不少学校仍然采用"杀一儆百"的方法。有些学校的训导处布告板会定期列出全校犯事同学的名字、所犯罪状及其处分。曾经有学校发现有几名学生偷钱，为了杀一儆百，以儆效尤，特别在早会时，学校宣读他们的名字和罪状，然后叫他们一一站在礼堂讲台上示众。这使犯罪学生羞惭得无地自容，亦令台下的学生忐忑不安。

其实，每个人都有其尊严和价值。若在大庭广众中，给予学生过于他应承担的惩罚，会给学生带来负面的经验，摧毁学生的自尊，使他们在众人面前抬不起头，有如"赶狗入穷巷"，失去翻身的机会，带来反叛、敌视、自暴自弃等恶果。

学生犯错，惩罚是必需的。但惩罚必须有两个原则：惩罚要合理，而施罚尽可能在私下处理，只牵涉有关的人；有必要时，我们可告诉学生，有同学因偷钱而给学校记过，以作提醒，但绝对不必告诉学生谁是犯事者，更万万不能将他示众。

个人反省

* 你在过往的教学生涯中，有没有用"杀一儆百"的方式去处理课堂秩序问题？

具体实践

* 列出自己或同事常犯的"杀一儆百"例子，然后想想：假如事件重演，这次你会怎样处理？

你的补充

定额罚款？

凡听讼不可先有所主，以此心而听讼，必有所蔽。
若平心去看，便不偏于一，曲直自见。

——吕大中

　　课堂有课堂的规则，例如：迟交作业三次，要罚课后留下；迟交作业五次，要电话通知家长。在校内也有校规，例如：说粗言秽语通常要记缺点，吸烟要记小过，打架伤人要记大过。这些规则有其可取之处，可以给学生一个准则，知所跟从，亦方便校方维持纪律。

　　不过，执行规则时要有弹性，切忌机械化。例如：现在仍有不少学校沿用传统的方法：三个缺点成为一个小过，三个小过成为一个大过，三个大过要被退学。手法有如运输署实施的定额罚款。违规者，罚款扣分；扣上十五分，不准驾驶。学校将学生过错累积起来计算，实在值得商榷。因为学生若麻木地接受了无数个缺点、小过、大过，未必能令他改过。最讽刺的是：在现行的教育政策下，即使学生有三个大过，学校也不能将他赶出校。

　　因此，我们尽量要在学生犯错初期，深入了解情况，辅以教导及辅导，帮助学生不再犯错。例如：在两星期内，学生迟到三至五次，我们便要与学生详谈，或约见家长，及早纠正。否则，学生若惯性地迟到至数十次之多，即使送他多少个缺点也于事无补。此外，执行纪律时，必须要考虑个别情况，弹性处理。例如：同样是打架，某个学生可能要记大过，另一个则可能是记缺点，要视乎实际情况而定。

我曾遇过一名中一学生，她一向成绩中上，最近却一连两次默写都是零分，留堂重新默写也不见效。于是，我找她倾谈，她竟然歇斯底里地哭起来。原来，她的母亲最近自杀了，她的情绪怎样也不能平复下来。

我亦遇过一名中二学生，他常常不交齐作业，还冒签家长信。细查之下，才知道他是大陆新移民，父母先后已去世，他由兄长照顾，但兄长因工作常常整个星期也不在香港。他每餐都是吃盒饭；生病了，也是由一些可怜他的邻居代为熬中药及加以照顾。

以上两个个案都反映出我们要在学生犯错初期介入，要花点时间，个别加以辅导，才能彻底解决学生的问题。

个人反省

*你处理学生问题时，是否也是惯性地作定额罚款，抑或是考虑个别情况，弹性处理？

具体实践

*及早制止学生惯性犯规，通过个别辅导及教导，将学生引入正轨。

你的补充

怒气冲天

暴怒能使小过变成大祸，有理变为无理。

——乔治·桑

老师也是人，也有情绪的起伏。当我们面对着一些无心向学、上课时谈话说笑、态度散漫无礼的学生时，很容易被气得七窍生烟，怒气冲天。在这个时候，我们要格外小心，保持冷静，以免由于情绪激动，铸成大错。

以下是一些老师在盛怒中常犯的毛病：

有一位老师因学生顽劣，盛怒中将学生赶出课堂，在你推我拉的情况下，引致学生受伤。有一位年少气盛的老师在盛怒下，打了学生一巴掌。另一位老师因学生昨天不依时来见他，在小息时见到学生，大声咆吼喝骂，吓得全校师生都目瞪口呆。有一位老师在盛怒下罚学生在阳光下站立三小时。另一位老师在中午时，罚学生站立，不准他吃中午饭。另有一位老师罚学生抄校规一千次。更有老师罚学生于小息、中午、下课后站在教师办公室门外整整一个星期。

学生犯错受罚是应该的，但老师所施的惩罚要合理，要考虑学生的承受能力。老师在盛怒中，愤怒掩盖理智，处罚"过火"，对学生并不公平。而且"过火"的处罚并不能帮助学生改善，反而会令他心怀敌意，态度依然故我，甚至变本加厉。

所以当处罚学生时，我们要省察自己的情绪状态，看看自己是否在发泄情绪，抑或是理智地在帮助学生改进。如果察觉自己的情绪非常激动，不妨请同事代为帮忙看管学生，让自己可以离开课堂，回办公室冷静一下。

个人反省

* 你是否曾在盛怒中"过火"地处罚学生？

具体实践

* 当处罚学生时，要省察自己的情绪状态，看看自己是否在发泄情绪，抑或是理智地在帮助学生改进？

你的补充

连锁反应

容易发怒的人，好像是说他怯弱得不能抵受一指的压力。

——亨利·德·索罗

当老师纠正学生的不良行为时，会有连锁反应，直接或间接地影响邻近甚至全班学生的感受和行为。如果处理得体，全班同学都会有较佳的表现。例如：若我们多花心思，有效地扭转班中几名最滋事分子，帮助他们改好，那么全班都会安静下来。所以多花点时间来辅导这几名学生是值得的。

同样，若老师处理手法不当时，也有连锁反应，影响了全班的不满情绪和反应。

有一名中学生，放学回家告诉母亲，当日在校内发生的一件事：一名同学上课时偷看《三国演义》，给老师发觉了，问他看到哪里，学生说："看到第八回。"老师随即说："罚抄《三国演义》第一回至第八回一遍，明天交。"学生敢怒而不敢言，全班也为他抱不平。

发觉学生在上课时偷看其他书籍，可以有很多做法：可以幽默地叫他出来介绍书中内容，也可以没收书籍并叫他放学时取回，也可罚他作文（例如罚他写一篇读《三国演义》一至八回的读后感）。不过，如果要他在一晚之内抄八章书，肯定是惩罚过重，这超出了学生的承受能力。老师虽然只是惩罚一名同学，却激怒了全班，甚至令同学们反感得要回家向父母抱不平。

我还认识一位老师。有一次，一名平时表现良好的同学，与邻座同学交谈，老师温和地纠正她，怎料，她反应非常强烈，与老师抗衡，令老师百思不得其解。类似事情，发生在这位老师身上已不只一次。当我与师生双方交谈后，我发现了个中因由：原来，这位老师一向用高压方式管制学生，对滋事分子，一向重言出击，或予以重罚，以致一些乖学生虽然尚未受罚，但已心怀怨恨，对老师非常反感。所以偶有事故，他们心中的积怨便会如火山般爆发出来。

作为老师，我们要明白连锁反应。处理学生时，不可不审慎行事。

个人反省

＊在你的教学经验中，有没有遇到一些连锁反应的例子？

具体实践

＊用合理而积极的方法去改变班中的顽劣分子，使其他同学也间接得到好的改变。

你的补充

连 坐法

一人做事一人当。

有一位新老师，开课不久，便被家长投诉，认为她处罚手法不当。她为了要求全班同学中文默写必须合格，便作出以下规定：班里若有一名学生不合格，每名学生均被罚抄书一遍。若有两名学生不合格，全班都抄书两遍，以此类推。这位新老师采用"连坐法"，原意是利用群众压力，督促学生勤奋努力，但却是非常不公平的做法，大半同学无辜受罚，引起强烈反应。所谓"一人做事一人当"，老师只应罚犯事的学生，而不应株连其他人。

其实，我们在课堂上很多时候都会犯这个毛病，我们不自觉地，特别在盛怒下，往往采用了"连坐法"。例如：我们见到几个学生交头接耳，令我们难以忍受，一怒之下，就罚全班抄书。部分学生不交齐作业，我们却罚全班课后留下。部分学生捣蛋，我们却罚全班站立，或索性停止授课。滋事分子连累全班受罚，固然令人讨厌，但这种不由分说的做法，使老师成为全班的公敌，使师生之间产生了强烈的敌对感。

老师，你是否会用"连坐法"来处罚你的学生呢？

个人反省

* 试想想你读中小学时，是否曾因班中同学犯错而无辜被牵连受罚，当时你有什么感受？你认为当时老师应如何处理？

* 你和你的同事是否曾采用"连坐法"？后果怎样？你可以采用哪些更好的处罚方法？

具体实践

* 个别学生默写不合格，或在课堂上有违规行为，可以在放学后约见学生，了解情况，并想出解决办法。

* 若少数学生默写不合格，可以放学后再次默写。若大部分学生默写不合格，可以调整默写的难度，减少默写的内容，从而使学生较易掌握。

你的补充

体罚

在敌对中长大的孩子，常怀敌意；

在羞辱中长大的孩子，充满了罪咎感。

——罗乐德

基于人道理由，香港教育署是不容许老师体罚学生的。在每年第一个教职员会议上，校长通常会提醒老师切勿采用体罚。

有些老师认为现在的学生非常难教，老师连唯一的"武器"（体罚）也被剥夺的话，那怎么能让学生听话？我并不认同这种看法。要学生循规蹈矩，我们要注意教学技巧，师生关系，沟通方法，并且善用奖惩和规则，而不是以体罚来压制学生。

体罚的坏处很多。首先，它破坏了师生关系，令学生疏离老师，甚至对老师、学科以及整个学习环境感到愤怒或害怕，直接影响学习。此外，体罚会给学生身心带来严重的伤害，有些甚至终身不能平复。长期受到体罚的学生容易变得被动懦弱，依赖权威，缺乏创新能力及自信。

体罚更令学生学习以暴易暴的攻击性行为，老师在这方面作了坏榜样。即使老师成功地以体罚压制了学生，也令学生以为暴力是解决问题的最佳方法。我们常发现一些最难驾驭、最具攻击性的学生，往往是那些受父母经常体罚虐待的儿童。有些学生受罚后，容易将愤怒情绪发泄到班内同学身上，使班内出现更多问题行为。

　　所以，我们千万不要体罚学生。此外，一切会伤害学生心理的惩罚，基于上述理由，也同样要在禁戒之列。

个人反省

＊你有没有体罚过学生？你有没有用过伤害学生心理的惩罚？

具体实践

＊若发觉有同事常采用伤害学生身心的处罚方法，要加以劝阻。若有需要，
　为学生着想，要告诉校方。

你的补充

翻身机会

过而能改，善莫大焉。

　　学生犯错，惩罚是需要的，使学生承担犯错的后果。不过，惩罚的最终目的是要使学生有改过自新的机会。学生做错事往往是因一时冲动、无知犯错，日后是可以改善的。老师切勿当他们是万恶不赦、恶贯满盈的罪犯，要置之死地而后已。处罚的大忌是绝了学生的后路，令学生产生无望感，要不然学生便会自暴自弃，甚至走上自毁的道路。

　　我们惩罚学生时，要尽量给他们翻身的机会，要他们为所作的错事作补偿。例如：学生偷窃，除记过外，最重要的是教导他们能承认错误，向被偷窃的同学道歉，然后要偿还偷来的东西。又例如：学生考试作弊，除记过外，还要要求他们做额外的作业，以作补偿；此外，要知道他们作弊的核心原因。若是基础太差，可能要请补习老师才能解决。

　　在给予学生翻身机会方面，有些学校采用了"缓刑"，是一个很好的方法。学生犯事记过，若于该学年内不再犯，学校会将刑罚降级，例如由大过转为小过，将小过变为缺点，甚至是将刑罚完全取消，不将其坏纪录记在成绩表上，只是内部存案而已。有些学校设有"功过相抵计划",使犯事学生有补偿过失的机会,使他们能服务学校,累积优点,以抵消其过错。

有一次,有一名学生吸烟,被老师发现,交由训导主任处理。学生肯认错,亦愿意受罚;但是当提到要见他的家长时,他双手掩面,猛力摇头,情绪变得很激动,训导主任拿他没法,带他来见我。作为校长,我与他详谈,才知道他父亲最近一年将他两母子抛弃,他母亲心情郁结,患起病来。他认为若母亲知道他染上吸烟恶习及被学校记过,会是很痛苦的打击,所以他苦苦哀求我,不要告诉他的母亲。我对他说,校方始终有责任将真相告诉家长,不过,可以有折中的办法。我与他达成协议:暂时不告诉他的母亲,待三个月后的"家长日"才告诉她。期间,学生要努力勤奋,戒除吸烟恶习。若能改过,校方会给他"缓刑"。结果,三个月后,学生大有进步,他的母亲知道此事,也感动得流下泪来。

人谁无过?过而能改,善莫大焉。

个人反省

* 在本学年中,当处理学生犯错时,你有没有给他们翻身的机会?你的做法怎样?

具体实践

* 试将"缓刑"及"功过相抵"的精神应用在课堂管理上。

你的补充

群策群力

"Band 5"学生有得救。

　　在处理学生问题上，全校上下一心，群策群力，一定能有好的成果。以下是一个成功的例子：

　　一所位处边陲的学校，学生属于第五组别。长期以来，他们的纪律问题令老师头痛不已。学生迟到达数十次之多，过了半天才回校者亦大有人在。上课铃声过后，很多学生仍然在走廊上流连。

　　终于，在一九九四年学校所举办的"教师专业发展日"里，老师均热烈讨论他们最头痛的学生问题，大家决心扭转局面，于是发起"树木工程"计划，以"学生为本"，为他们提供良好的学习环境，改善学校的秩序及学生的行为。学校致信家长，并向学生宣布六项新计划：一、学生按时进教室上课。二、学生坐回原位置。三、说话有礼、有理。四、穿着整齐的校服。五、带齐学习用品。六、交齐家庭作业。

　　为了成功地实施这六项计划，老师宁愿牺牲空余时间。例如：老师们一起巡视走廊，劝导学生返回教室上课。结果，他们原定六星期进行的六个事项，在第一星期已成功地完成了第一至三项。

接着他们推出其他项目：一、有秩序转堂。二、有秩序离校。三、准时回校。四、积极辅导。五、师生校园生活座谈会。六、穿着整齐的校服。七、带齐书本文具。八、行为进步奖励茶叙。九、老师巡视走廊。十、与个别有需要学生详谈等等。不出一个月，已见成效。连区内大小巴士司机及警察也称赞该校学生行为有进步，新闻媒体也到校访问及报道，而领导"树木工程"计划的区老师，更因此而获教育署颁发的"员工优良服务奖状"。

其实，好学生和坏学生在校内都占少数，大部分学生都是边缘分子，可以变好，也可以变坏。如果学校老师团结起来，群策群力，将校内问题分得细致的话，就可以逐一击破；另外再施以奖励代替惩罚的方法，学校就能将失控的情况转变。

个人反省

＊在处理一大堆学生问题时，你有没有将问题分细，然后逐一击破？

＊贵校老师能否团结一致，一起改善学生的行为问题？

具体实践

＊与同事讨论贵校学生常犯的问题，然后列出一些可行的群策群力方法去应付。

你的补充

VII 乐观信念

虽然……但是

在限制中尽力而为。

在以上六十六章所提供的态度和方法若能付诸实践，不仅能实现有效的课堂管理，更能建立良好的师生关系，提升学生的自我形象，提高学生学习兴趣及增进老师的教学效能。其实，它们是成功教学的必经途径。我自己曾亲身实践过，在这里诚意邀请大家一起尝试。

或许有些老师会觉得，如今做老师不容易，教育资源不足，学校制度不理想，学生素质差，老师永远有做不完的备课、改卷、杂务……哪还有时间去改善教学、建立关系、改善沟通、善用奖惩？

老师的辛劳，我是绝对认同的，因为我也是过来人。不过，与其唉声叹气、忧忧愁愁地教书，我倒选择以"虽然……但是"的思想行为模式。我们若有乐观信念、积极态度，即使在限制中，仍可尽力而为。每个制度、每个环境都不会是十全十美的，都有其限制。我们一方面可以通过适当的渠道向教育行政部门要求更多的资源，向校方提议改善方法；另一方面我们仍然可以乐观地有以下信念："虽然现在教师工作任务繁重，但是我仍可以尽量去爱、去尊重、去关心我的学生。""虽然我所教的学生资质差，但是在我的教导下，我相信他们会有进步。"

大家可曾听过"半杯凉水"的故事？有人见到半杯凉水，会慨叹地说："唉，水已用了一半！"而另一些人却认为："幸好，还有半杯水可供饮用。"

我以前曾听过一个故事：有两名做鞋的商人很希望打开非洲市场，于是去非洲考察。第一名商人忧忧愁愁地回来，因为他发现非洲土著人不穿鞋。第二名商人到了非洲，认为大有可为，立即在那里开展业务，因为非洲土著人过去不穿鞋，所以每个土著人都是他的未来顾客。

同样一个情景，却有两种截然不同的想法。作为老师的你，会采取哪种信念和态度呢？你是属于前者还是后者呢？

个人反省

* 试就"半杯凉水"及"非洲土著人"的故事，省察自己对困难是否采取乐观积极的态度？你是属于前者还是后者？

具体实践

* 试列出五句有关教学的"虽然……但是"的句子。

你的补充

# 一点烛光

对这只海星来说，就是一个生存的机会。

在现今社会里，做老师的担子越来越重。舆论媒体常常带给青少年很多是非混淆、黑白不分的观念；家庭解体，学生缺乏爱及正确的教导，老师的工作更见艰巨。不过，正因如此，老师的存在，老师的努力，更显得重要。

一点烛光，即使非常微弱，也能照亮一间黑暗的房间。同样，我们或许力量微薄，但如果我们愿意，总可以带给周围的人一点光亮，一丝暖意。一九五五年华挪博士在夏威夷古儿岛对六百九十八个生长在贫困、单亲家庭、父母酗酒或有精神病等恶劣环境的孩子做了研究，他发现他们中竟有三分之一的人在感情、行为、工作和学习等方面都有正常的发展；再深入研究，发现这些人，在他们成长过程中，都不约而同地有一位关怀他们的成年人，成为他们生命中的重要人物。他们可能是孩子的父母、祖父母、兄弟、姊妹、老师或青年中心的导师。在学校里，我们所接触的问题学生往往来自问题家庭，若能扶他们一把，对他们的成长将是一股助力。此外，我们每每发觉那些越不可爱的学生，他们其实

最缺乏爱。

　　或许有些老师会觉得社会上问题学生这么多，仅凭我们微薄的力量，有如杯水车薪。有一次，我到一所中学做讲座，会后与校长、老师交谈，他们送给我一张由社会福利署及香港社会服务联会印制的精美小画册，画册内讲了一个发人深省的故事，现抄录如下，与大家共勉：

　　一个男孩，十分热爱海洋生物。每天潮退后，他总爱把困在沙滩上的海星抛回海里。一位老人见状摇头说："你这样做是枉费精力，潮涨潮落，总有很多海星会被困在沙滩上。凭你小小的力量，又能将多少海星放回海里去呢！"小男孩认真思索了一会，继续把海星抛进海里，他喃喃地说："不会是白费的，无论怎样，对这只海星来说，就是一个生存的机会。"

　　各位老师，我们有没有珍惜每一个学生的成长机会？

个人反省

* 华挪博士的研究给予你什么启示？

具体实践

* 让我们向小男孩学习，给予海星一次生存机会，珍惜每一个学生的成长机会。

你的补充

多 劳者能

找困难者，无困难；

躲困难者，尽困难；

怕困难者，处处难。

　　我任教一个提供给中学辅导老师的覆修课程时，其中一位学员给了我深刻的印象。她是一位资深的中学老师，为人乐观，很有教学热诚，也很爱学生。在校内不仅负责训导、辅导，还常带领学生参加课外活动。她还是一位戏剧高手。她教学、行政、兴趣活动，样样皆能，令人好生羡慕。有一次与她闲谈，她提及自己对人生的体会。人们常说："能者多劳"，而她却体会到："多劳者能"。我也很有同感。真的，越不计较，越不怕劳苦的人，才会在劳苦中有丰富的学习，累积经验，变得越来越能干。

　　回想自己初为人师时，什么都不懂，只本着边学边做的态度，不断学习。凡对学生有帮助的事，凡觉得有意义的事，总会尽力去做好。学校委派自己负责什么岗位，也欣然接受。结果，在学校里，无论团体工作、教务、训导、辅导、课外活动，我都一一做过，从中学到了不少，也丰富了自己的人生体验，其实在付出心血的同时，自己的收获是最大的。

相反，有些老师很怕"触底"，做事斤斤计较，学校委派他们多做点工作，立刻大耍太极；若要他们承担新挑战，他们必定推辞。他们总认为："多做多错，少做少错，不做不错。"结果，只是平平稳稳地在很局限的范畴内教学，久而久之，越来越不敢冒险，越来越不敢接受挑战，不知不觉与时代脱节，成为五十年不变的"化石"。

有谓："找困难者，无困难；躲困难者，尽困难；怕困难者，处处难。"当我们不断面对困难，接受挑战，不怕辛劳，我们定会积累丰富的学识。

个人反省

＊你对新工作、新挑战通常采取哪一种态度？

＊你是否有过"多劳者能"的体验？

具体实践

＊试以积极勇敢的态度面对挑战，例如不断改良教学内容及方法，积极处理学生的棘手问题。

你的补充

师 生情

我们每天为学生所做的工作，绝非徒然。

在教学生涯中，最大的收获是学生给予我们精神上的回报。收到以前教过的学生的圣诞贺卡，收到学生寄来的信件和相片，被邀请参加学生的婚礼和毕业典礼，都会给我带来一份极大的喜悦。近期遇到一位教过的学生，他提及我以前如何教导他们做人要有崇高的目标，并提醒他们："取法乎上，得乎其中；取法乎中，得乎其下。"我笑着说："嗯，你还记得？"他说："何止记得，我一向以此作为我做人做事的宗旨。"老师说过的话原来对学生有这样大的影响，做老师最大的安慰，莫过于此。

在我的教学经历中，有一位姓梁的同学的事件让我记忆犹新。那年，梁同学就读预科班，他成绩本来不过不失。因为性格刚烈倔强，与两位老师起了冲突，再加上其他困扰，成绩一落千丈，最后决定离开学校。作为他的老师，我为他感到可惜，于是约他在午后倾谈。他的态度很强硬，面部表情很冷漠。整个过程中，没有开口说一句话，狠狠地将脸转向墙壁，问他什么也不答。他最终还是离开了学校。我感到无奈和可惜，也感到自己很失败，因为在这重要关头，我并不能帮到他。

事隔多年，一天傍晚，我正拖着疲倦的身体走出校门，踏上归途。在暗淡的灯光下，迎面而来的是梁同学，他见到我，便一口气告诉我这几年的情况：他如何跌跌碰碰、兜兜转转地进了理工学院就读，我也替他高兴，鼓励他努力。正准备离去时，他腼腆地欲言又止，吞吞吐吐地对我说：多谢我当日对他的关心，然后匆匆离去。以他这样刚烈的性格，要他说"多谢"，并不容易啊！他离开以后，我的眼泪夺眶而出。原来，花在学生身上的工夫，并没有徒然，学生内心深处是领会得到的。正当工作忙得透不过气的时候，学生的一声"多谢"，再一次成为我对教育工作的动力。

我们每天为学生所付出的辛苦劳动，绝非徒然。老师们，让我们继续在教育使命上发热发光！

个人反省

* 试想想近期，你有没有收到学生的短信、电话或口头回应，你的感受怎样。

具体实践

* 努力在教育事业中发热发光。

你的补充

读书笔记

读书笔记

读书笔记